JN333345

「英語」を使いこなすための実践的学習法

my Englishのすすめ

田中茂範 著

大修館書店

まえがき

　今や英語は共通語として世界中で使われ，「英語はできて当たり前」という状況が現実化してきています。経済のグローバル化が進む中，企業にとって英語が重要であることは言うまでもありません。筆者が在職する大学でも，インド，マレーシア，中国，コンゴ，韓国，カナダ，フランスなどからの留学生や教員と日々接する機会が増え，また英語で専門の授業が行われるということも当たり前の風景になりつつあります。
　日本にいながらにして，英語にふれる機会はいくらでもあります。教育産業でも子供から成人までの英語ビジネスは活発で，今では，幼児に向けた英語教材も増えているようです。つまり，英語を学ぶ必要性が高まると同時に，それを支援する豊かな学習環境も存在します。しかし，中学生，高校生，大学生を対象にしたさまざまな調査によれば，「英語はむずかしい」「英語は不得意である」あるいは「英語は嫌いである」と感じている学習者がその逆と考える学習者を大きく上回っています。すなわち，英語はできて当たり前という状況であるにもかかわらず，そして文部科学省をはじめ関係機関で英語教育の重要性が叫ばれているにもかかわらず，英語が苦手であると感じている人の数が多い，ということです。学校現場では，「コミュニケーションを重視する授業」「英語で行う授業」「発信型の授業」「グローバルリーダーの育成教育」などの試みが行われていますが，総じていえば，思うような成果が得られてないのではないか，これが筆者の率直な感想です。そして，社会人の多くも生徒や学生と同様，英語に対して苦手意識を持っている人が多いのではないでしょうか。
　では，英語をどう学べばよいか。このことについての提言を行うこと，これが本書の狙いです。英語をどう学ぶかという問いの背後には，

学び方によってその成果に大きな影響があるという確信があります。そして，筆者の考えは，「my Englishを育てる」に集約されます。つまり，英語を使えるようにするために，英語を学ぶわけですが，「使う英語」と「学ぶ英語」は違います。人は誰でも自分の言語（自分の中にある日本語や英語）しか使うことはできません。これは母語話者，非母語話者を問わず，共通した事実です。しかし，学ぶための英語は，外から提供されるもので，一般に「教材」と呼ばれるものを使い，それには単語や文法や文章が含まれます。そして，例えば歴史の教科書を勉強するように，英語の教材をひたすら学んでいきます。この学び方では，知識は増えても，使えるようにはなかなかなりません。「自分の中に息づくmy Englishを育てる」という視点が欠けているからです。英語力を身につけるには，自分事として英語を学び，自らの英語（英語力）を育てるという覚悟が必要なのです。そして，本書は，自分事として英語を学ぼうとする読者が，何をどう学べばよいかという問いに向き合い，いくつかの提案を行っています。できるだけ多くの読者の方々に読んでいただけるよう，抽象的な議論をできるだけ避け，具体例を豊富に取り入れるようにしました。以下，各章の簡単な説明をしておきます。

　第1章では，英語は今や「世界共通語」として使用されているという現状を踏まえ，英語にどう臨めばよいかについて考えていきます。論点としては，世界共通語であるが故に英語の多様性が生まれ，それは同時に言語規範の多様性をも含意するということ，英語を学ぶということは「コンピテンスとしての英語」を身につけること——my Englishを構築すること——であること，そしてmy Englishの構築には学習者であると同時に，表現者としての役割を担う必要があること，などが含まれます。

　第2章では，my Englishを構築するということは，英語力を獲得するということであり，その英語力とは，「タスク・ハンドリング（課題をこなす力）と言語リソース（タスク・ハンドリングに利用可能な英語リソース）の相互関係である」と定義します。つまり，個人の英語力と

は,「どういうタスクをどれだけ機能的にどういった言語リソースを使ってハンドリングできるかである」と捉えることができます。すると, タスク・ハンドリングの力を付けることと, それに必要な言語リソースを豊かにすること, この2つが英語学習の目標になります。

　第3章から第5章までは, 英語の言語リソース論として位置付けることができます。英語を学ぶためには, 語彙, 文法, 慣用表現を身につけていく必要があります。実際, 多くの時間が単語の学習や文法の学習に当てられ, 実にたくさんの単語学習, 文法学習に関する参考書が出版されています。しかし, 例えば, 単語をタスクのために使えるリソースにするためには,「知っている知識」を「使える知識」にしていく必要があります。すなわち, タスク・ハンドリングのために利用可能なリソースになるように英語を学ぶ必要があるということです。語彙知識や文法知識ではなく, 語彙力や文法力に繋がる学びである必要があるということです。

　そして, 第6章では, 英語で会話をする力を育てるにはどうすればよいか, という問題を扱います。おそらく, これが多くの読者にとって最も関心の高い話題だろうと思います。本章での論点は, ①文を作ろうとせずチャンクで発想し, チャンクで表現する力をつけること（チャンキング発想力）, ②会話の流れを調整し, 積極的に会話を管理する力を身につけること（会話管理力）, ③発問力を鍛え, 会話の主導権を握ること（発問力）, この3つが会話力育成の鍵であるということです。

　以上が本書の概略です。各章の章末に「ポイント」という箇所を設け, それぞれの章の中で注目したいポイントをリストしています。各章を読み終えたとき, そのポイントに注目し, 内容を振り返っていただければ幸いです。

　なお, 本書は英語を学ぶ側の視点で書いていますが, 筆者自身も英語教師であり, 教える側の視点を絶えず意識して執筆を進めました。教えることと学ぶことは鏡像関係にあります。そして, よりよい英語教育の改革は, 学ぶ側の視点を採用したときに, その糸口が見えてくるものが

少なくありません。そこで，本書を執筆するにあたり，想定した読者としては，大学生と社会人の方々ですが，社会人の中には英語教師の方々も含まれています。

　最後になりましたが，本書の企画，構成，編集のすべてにわたり，大修館書店の向井みちよさんに大変お世話になりました。ここに感謝の意を表したいと思います。

2016 年 6 月

著者

目次

まえがき　iii

◆第1章◆　グローバル時代の英語と my English ―――― 3
はじめに／規範：適応モデルと調整モデル／個の視点：my English／学習者と表現者／英語の習得可能性／おわりに

◆第2章◆　英語を学ぶこと ―――――――――――― 16
はじめに／タスク・ハンドリングと言語リソース／4技能モデルの再考／知識としての英語と言語リソースとしての英語／タスク・ハンドリング論：タスク・タイプと英語力／タスクの難易度／can-do と can-say がタスクの両輪／タスクとタスク・ハンドリング・スキル／おわりに

◆第3章◆　語彙力を育てる ―――――――――――― 37
はじめに／語彙力の定義／基本語学習の問題点／基本動詞と前置詞の意味論／単純な意味＝コア図式／前置詞の場合／形容詞の場合／ネットワークで広げる拡張語彙／ネットワーキングの方法／概念ネットワーキングの仕方／話題ネットワーク／場面と話題／語彙ネットワークはリストと違う／事物配置型ネットワーク／話題展開型ネットワーク／日英語で自分のストーリーを語る／おわりに

◆第4章◆　文法力を育てる ―――――――――――― 80
はじめに／文法とコミュニケーション／英文法再編成のための考え

vii

方／「使える」につながる「分かる」／現在進行形の力／表現英文法の特徴／表現者の視点／英文法の全体像：モノ・コト・状況／文法力の身につけ方／ネットワーキングの視点／名詞の文法のネットワーク／動詞の文法のネットワーク／副詞の文法のネットワーク／構文のネットワーク／おわりに

◆第5章◆　**慣用表現力を育てる** ──────── 107
はじめに／慣用表現の種類／ストックとしての慣用表現／フローとしての慣用表現／おわりに

◆第6章◆　**会話力を育てる** ──────── 132
はじめに／心理的要因／言語的要因／慣用表現を利用しよう／会話における表現の単位／チャンキング的発想力／チャンキング的発想の訓練／文章におけるチャンキング／会話管理力を育てる：会話の流れを調整する／ためらいと言いよどみ表現／誤解を解く／理解を確認／発問力を身につける／会話の展開に役立つ質問／場面・目的を設定して行う一連の質問／表現モードとしての声／おわりに

あとがき　163

参考文献　165

英語を使いこなすための実践的学習法

my English のすすめ

◆第 1 章◆
グローバル時代の英語と my English

はじめに

　「外国語」は英語で "a foreign language" といいます。この形容詞 "foreign" には「異質な」という意味があり，それに language を付けることで，親しみのない，異質の言語という意味合いになります。たしかに，英語で何かを話そうとすれば，自分をうまく表現できないだとか，どうもしっくりいかないということを経験する学習者は少なくないはずです。これはまさに英語が「異質な言語」だからです。だとすると，英語を学ぶということは，馴染みのない英語を自分のものとして，親しみのある言語に変えていく過程だといえるかもしれません。

　「外国語としての英語（English as a foreign language）」という言い方には，実は，もう一つの見方が含意されています。つまり，英語は，外国で話される言葉であるということです。もっと正確にいえば，英語は，アメリカ（あるいはイギリス，カナダなど）という国で，その国民が話す言語である，という見方がそれです。そこで，英語を学ぶ際の目標は，「米国人が話すような英語を学ぶことである」という見方が生まれます。そして，そこからさらに「英語を学ぶことはその文化を学ぶことである」という捉え方が自然なものとして了解され，「英語学習の目標は，米国で通用する言語規範を学ぶことである」という通念が多くの人に受け入れられるようになります。言い換えれば，何を適切な英語とみなすかという問題は，「文化規範」（例．アメリカ文化の規範）によって決められるということです。そして，この考え方は，英語教師（筆者も含め）の間では，ごく自然なこととして受け入れられており，特に，検定教科書や辞典の編纂を行う際には，英語の文化規範が表現の正誤を決める際の拠り所になります。

しかし，英語は今や「グローバル言語（global language）」あるいは「世界共通語（linga franca）」としての地位を築いており，この地位は当分の間は揺らぐことはないでしょう。実際，中国，韓国，東南アジア諸国でも英語教育に重点が置かれています。独仏でも英語が話せる人口が増えています。正確な統計は存在しませんが，15億人ぐらいの人が英語を第二言語として使用していると推定されています（Crystal, 2001, 2003）。そして，その内で英語を母語とする人の数は約4億人だといわれます。まさに，英語がグローバル言語として機能しているということを物語っています。

日本でも，英語教育への国民的関心の高さは，いわゆるグローバル社会における英語の役割を念頭においてのことだと思われます。しかし，英語が世界共通語であるならば，英語でやりとりを行う相手は，英語の母語話者とは限りません。そこで，英語の規範をどう考えるかという問題が出てきます。この問題に関する見解を積極的に発信している言語学者David Crystal (2001) は，急速な英語のグローバル化に伴い，「グローバル・スタンダード」なるものが英語の規範となり，アメリカ英語やイギリス英語はその亜種（「方言」）になるだろうという予測を立てています。筆者は，クリスタルの見解に賛成ですが，この問題はもう少し突っ込んだ議論が必要だろうと考えています。

規範：適応モデルと調整モデル

まず，ここで問いたいのは，「外国語としての英語」と「世界共通語としての英語」の違いが英語の規範問題に関してどういう違いをもたらすかということです。上述したように，「外国語としての英語」では，母語と外国語の関係が生まれ，英語を母語として使う文化圏が英語の規範（linguistic norm）を決めるという見解が主流になります。規範は「何が適切であるか」の基準であり，「外国語としての英語」においては，「文化規範（cultural norm）」が前提となるということです。そこで，英語を学ぶ者も，その文化規範（典型的には「アメリカ英語」か「イギリス

英語」）を求め，その規範に自分の英語を適応させようとします。これを規範の「適応モデル（adaptation model）」と呼ぶことができます。

　この適応モデルは，英語教師であれば自然に受け入れる考え方で，筆者もどこかでこれを当然のこととして認めています。しかし，この適応モデルは，行き過ぎると，知らず知らずのうちに，負の心理的影響を学習者に与えることになります。一言でいえば，それは「足りない」という意識であり，「間違いや不自然な表現に対する過度に否定的な反応」です。母語話者と比べると，学習者の英語はたしかに不十分です。学習者は母語話者のように英語を話すことができず，たくさんの間違いや不自然な表現をするのは当然なのですが，母語話者の英語に合わせようとする気持ちが強ければそれだけ，自分の英語の間違いや不自然な表現を気にしてしまい，恥ずかしいという気持ちまで誘発されてしまうことがあります。「理想の自分（適応モデルに合致した自分の英語）」と「実際の自分（適応モデルに合わない英語を話す自分）」の「開き（gap）」が英語を使うことに対する積極性を削いでしまうのです。

　先に述べたように，今や英語は「世界共通語」として機能しています。一人の日本人がバンコクでタイ人と英語でやりとりをする場面だとか，ムンバイでインド人と英語でやりとりをする場面を容易に想像することができるでしょう。また，日本のそこかしこでいろいろな国の出身者と英語で話す場面もあるでしょう。そういう状況で大切なのは，相手とのやりとりにおいて英語が通じるかどうかであって，例えば米語の規範に合った英語を話しているかどうかではありません。

　どんな言語的なやりとりにも「適切さ（appropriateness）」というものがあり――それがまさに「規範」ということですが――，世界共通語としての英語における規範は，文化が決める「文化規範」ではなく，場面が決める「場面規範（situational norm）」だといえます。バンコクでタクシーの運転手とやりとりをする場面と国際学会で研究発表を行う場面では，期待される「適切な英語」は異なりうるということです。場面が求める期待値に関しての共有感覚（参加者が互いにこうであろうと

いう思い）が場面規範の核心です。「国際学会ではこういう英語が求められる」ということに関する参加者の共有感覚です。

　世界共通語として英語を使う場面では，当然，異なるものに対する「寛容（tolerance）」が求められます。自分の規範に合わないものを，一方的に排除するのではなく，自分の規範と異なるもの（ここでは，表現）をある程度許容するという寛容の精神を持つことが必要なのです。例えば日本人がアメリカ人と会話をしているとします。その中で，「変わった夢を見た」ということを伝えたい日本人が I saw a strange dream. と言ったとします。それに対して，英語の母語話者が，<u>We don't say</u> "see a dream." We say "have a dream."（われわれは see a dream とは言わず，have a dream と言う）と応じたとします。ここでの we は「排他的な we」で「われわれ（母語話者）は」という意味です。ここに，自分たちの規範に合わせることを求める英語母語話者の姿勢を読み取ることができます。

　しかし，多文化状況で英語を使う際には，適応モデルは機能しません。そこで求められるのは「双方向の調整」です。上の「夢をみた」のやりとりの場面で，相手が次のように応答したとします。

"What do you mean by that? You mean, you had a strange dream. That's interesting. In my English, I say, 'I have a dream,' but in your English, you say, 'I see a dream.'"「それってどういうこと？「変な夢を have した」ということかな。それっておもしろいね。僕の英語では，I have a dream と言うけど，君の英語では I see a dream と言うんだね」

　これは，双方向の意味調整を前提にした対応の仕方です。"I saw a dream" という言い方に注目し，それを間違いとせず，文化論の観点から表現の仕方に注目することで，会話をさらに豊かな内容にしていくことができるという可能性をここに読み取ることができます。実際，"I saw a strange dream" に対して相手からこういった反応をされれば，日本人の側も会話を展開したい気持ちになるでしょう。

　このように，英語が世界共通語として使われる状況で機能するのは，「適応モデル」ではなく，「調整モデル（accommodation model）」です。ちょうど方言を異にする人同士が日本語で会話をしていて意味の交渉（negotiation of meaning）をするように，多文化状況では，英語で会話をしている場合，「相互調整」が求められるのです。多文化状況で英語を使う際の鍵は「調整力（adjustability）」であるといえるでしょう。

　適応モデルに従えば，「母語としての英語（English as a native language）」が規範として最上位にあり，その下に「第二言語としての英語」や「外国語としての英語」が位置づけられるという序列が生まれます。そして，see a dream のような表現は「間違い」として斥けられてしまいます。しかし，世界共通語としての英語を使ったやりとりにおいて，母語話者（ネイティブ・スピーカー）が優位に立つわけではありません。こうした状況を踏まえて，"world Englishes"（世界英語）という用語が使われることがあります。

　English という名詞は，通常，固有名詞として扱われ，複数化されることはありません。しかし，Larry Smith や Braj Kachru らはあえて world Englishes と呼ぶことで，英語の種類が多様化しているだけでなく，規範そのものの多様化も認める必要性があるということを仄めかしています（Smith, 1981; Kachru & Smith, 1986）。つまり，Japanese English や Chinese English は American English や British English 同様に world Englishes の対等な成員であり，それぞれに優劣の差はないという考え方です。

　筆者は，world Englishes の思想は，英語の現在状況を反映したものであり，賛同する立場にあります。しかし，一方で，これまでの world Englishes の議論には，「個の視点」が抜けていると考えています（Tanaka, 2006）。American English と Japanese English を world Englishes という集合名の対等な成員とするという考え方の背後には，

American English とか Japanese English というものが存在するということが想定されています。しかし，American English が個の視点を捨象した集合概念あるいは抽象概念であるように，Japanese English も実在しない観念です。

個の視点：my English

対話では「わたし」と「あなた」の関係が生まれます。だとすると，ここで注目しなければならないのは，American English とか Japanese English の多様性ではありません。Japanese English という言い方は個の視点が抜けているが故に，集合概念に留まっています。

複数のアメリカ人の言語活動を観察したとします。すると，一人ひとりが個性的な英語を話していることに気づくでしょう。3歳児の英語と30歳の銀行員の英語は違います。性別，地域，職業などは，英語の変異の変数（variable）と呼ばれます。同じ一人の銀行員も仕事場で話す英語と恋人と話す英語は違うでしょう。すると「アメリカ英語」は，多様な英語表現あるいはその可能性を包括した言葉であり，それは集合名と見なすことができます。しかし，集合名としての「アメリカ英語」はそれが仮構（fiction）であるが故に，個人が所有することはできません。Japanese English というものも同様に，誰もそれを所有することはできません。

個々人に帰属する英語は必然的に "my English"（マイ・イングリッシュ）ということになります。それは集合概念としての英語でも使用としての英語でもなく，コンピテンス（competence，能力）としての英語です。言語学では，「言語というもの」という仮構の言語を「ラング」と呼び，その使用（声の流れ，文字の流れ）を「パロール」と呼びます。パロールとしての言語が理論や小説や映画や歴史といった種々の物語を作るのです。そして，パロールとしての言語を研究材料にすることでラングを構成する言語理論を構築しようというのが言語学の営みです。しかし，問題は，ふだんの声の流れ，文字の流れを紡ぎだすものが何かを

第 1 章　グローバル時代の英語と my English

考える必要があるということです。それは，一言で言えば，Noam Chomsky が言語研究の対象に据えたコンピテンスとしての言語です。Chomsky は「理想的な話者」のコンピテンスに注目しましたが，われわれが注目したいコンピテンスとしての言語は，個々人の中に育つ能力（言語を使い，理解する力）であり，英語の場合，これがまさしく my English ということです。

　my English の所有者は個人です。米国大統領もハリウッドの俳優も等しく，それぞれの自分の英語（my English）を使って表現するしかありません。原理的にそうするしかないのです。個々人の my English はその人固有の言語能力であり，それを使って，英語を理解し，英語で表現するのです。だとすると，われわれが英語を学習する際にも，一人ひとりの my English の構築を目指すべきということになります。つまり，個の視点で英語を捉えるということです。

　my English の構築を自覚する。これが筆者の論点です。「『英語』が使えるようになるために『英語』を学ぶ」という言い方をします。この表現には 2 つの「英語」が使われています。英語を学ぶという際の「英語」と，英語を使うという際の「英語」です。しかし，同じ「英語」というコトバが使われていても，それが指す対象は異なります。つまり，学ぶ「英語」は，母集団としての英語のサンプル（教科書や問題集やその他の教材）にほかなりません。仮にアメリカ英語の規範に照らして適切なものを英語のサンプルとして学ぶとした場合，「学ぶ英語」は「アメリカ英語（のサンプル）」と呼ぶことができます。一方，「英語を使う」という際の英語は，my English です。自分の中にないものは使うことができません。それなのにもかかわらず，この 2 つの「英語」を混同することからいくつかの問題が出てきます。

　仮に学ぶ英語の対象を「アメリカ英語」としましょう。個人が実際に触れることのできる英語は，そのサンプル（標本）です。例えば，映画 *Casa Blanca* を使って英語を勉強するとか Hemingway の小説 *The Sun Also Rises* を使って英語を勉強するという場合，映画も小説も使用さ

9

れた英語のサンプルです。教科書や参考書の英語も同じです。

　ところが，英語が使えるようになるためには，my English の構築を自覚して学ぶ必要があります。my English は英語の使用を可能にする英語力だからです。単語を暗記し，文法問題を解く訓練をする，英文を和訳する，あるいは和文を英訳するといった活動は，英語の学習には違いありません。しかし，与えられたサンプルを知識として覚えても，それは「英語知識（英語について知っていること）」であって，「英語力」を保証するものではありません。my English を自分の中に構築するということは，語彙知識ではなく語彙力を，文法知識でなく文法力を身につけるということです。すると，自ずと学び方（そして教え方）も変わってくるはずです（詳しくは，後の章で述べていきます）。

　もうひとつ，英語を使う際の問題を指摘しておきます。英語力は英語を実際に使うことによってしか身につきません。しかし，「学ぶ英語」と「使う英語」を同一視することで，「学ぶ英語」の影が「使う英語」を抑制してしまうという問題が起こりえます。その結果，「いくら英語を勉強しても英語が会話で使えるようにならない」ということが起こるのです。簡単に説明します。会話は「わたし」と「あなた」の社会的相互作用として展開します。英語が会話のメディアだとすれば，それは my English と your English との相互作用が前提となります。そして，my English の善し悪しは，相手の your English とのやりとりにおいてそれが機能するかどうかで決まります。「間違いを恐れて会話ができない」ということをよく耳にします。ここでいう「間違い」は相手に指摘されるか，自分で自己判断するかで「間違い」になります。そして，間違いかどうかの判断は，「学ぶ英語＝アメリカ英語」の規範に照らして行われる傾向があります。しかし，相手がタイ人で互いに英語で会話をしている状況だとどうでしょうか。この会話で肝心なことは，互いの英語がちゃんと機能しているかどうかであって，アメリカ英語に照らして正しいか間違っているかでは決してないはずです。また，タイ人の話す英語がアメリカ英語と違うから間違った英語を使っていると判断するこ

とも意味を成しません。

　英語を学ぶ過程では絶えず「足りない」という気持ちを持ち続ける学習者は少なくありません。6年間が学習期間として想定されている場合，もし3年しか経過していなければ，まだ「足りない，不完全である」という気持ちになるでしょう。しかし，母語としての日本語習得の途上にある5歳児の日本語が語彙力や表現力において，たとえ大人のそれと違っていても，「足りない」とか「不完全」であるとは，本人もそして相手も思わないでしょう。英語を使う場面では，自分が持っている英語力，すなわち my English で何とかするしかないのです。また，それが自然なことなのです。「学ぶ英語」を引きずる限り，「まだ足りないから使えない」という意識になってしまうのです。これも，「学ぶ英語」と「使う英語」を同一視することに由来する問題だといえます。

　大学生に「英語を使うこと」についていろいろ質問してみると，「間違いに対する恐れ」そして「足りない」という気持ちが強く，英語を使うという一歩を踏み出せないでいる人が多くいます。では，「学ぶ英語」と「使う英語」の関係をどう捉えればよいのでしょうか。

学習者と表現者

　英語を使えるようにするには，英語を使うしかありません。英語教育学者の Wilga Rivers (1983) は，外国語学習には「冒険的精神 (adventurous spirit)」が不可欠であると繰り返し述べています。できれば外国語学習の初期段階から学んだら使うという冒険的精神が必要であるというのが Rivers の見解です。

　ここでのポイントは，英語を使うことを通して英語を学ぶということです。「学んだら使う，使ったら学ぶ」を交互に行うこと，すなわち，「learn ⇔ use」の実践を行うということです。言い換えれば，私たち一人ひとりが，英語を学ぶ「学習者 (language learner)」と，英語を使う「表現者 (language user)」の2つの役割を演じる必要があるということです。「学習者」は「いつか，どこかで英語を使うようになるか

ら英語を学ぶ」というでしょう。この言い分には匿名性があり，英語を使う切迫感は感じられません。一方，表現者とは「今・ここで」英語を使う人のことです。表現者としてふるまうには，今ある英語（現段階でのmy English）をフルに活用して思いを表現する必要があります。表現者になりきらない限り，英語が使えるようにはなりません。しかし，同時に，my Englishの機能性や洗練さを高めるため，学習者として英語を学び続ける姿勢も併せ持つ必要があります。

　カウンセリングの分野で著名なCarl Rogersは *On becoming a Person* というタイトルの本を書いています。直訳すれば「パーソンになっていく過程にある」ということですが，自己実現に向けて絶えず可能性を追求する人間像が"on becoming a Person"なのです。この書の中で，Rogersは鍵概念として"a fully functioning person"を繰り返し使っています。生きる過程のその都度その都度においては「十全に機能する人であれ」ということです。Rogersの考え方を本書の関心に引き寄せていうと，英語を使うその都度その都度においては，たとえどんなに小さな英語であっても，それを十全として受け止めて，その小さな英語を使い切る態度を持つことが表現者には求められるということです。足りないという不足感と決別し，持っている英語で何とかするという態度を実践する人がa fully functioning person（十全な表現者）だといえます。そして，十全な表現者であり続けることと，生涯学習し続ける学習者であることの両方を実践することが大切だということです（なお，何をどう学ぶかについては第2章以降で取り上げます）。

英語の習得可能性

　my Englishは獲得する能力です。音楽や絵画は才能が関係し，個人差が大きく関与し，だれでもできるという具合にはいかないかもしれません。しかし，言語についていえば，だれでも自然に母語を身につける才能を持っています。第二言語の場合はどうでしょうか。my Englishはだれでも身につけることができるのでしょうか。年齢によってその習

第1章　グローバル時代の英語と my English

得に大きな違いが出てくるのでしょうか。

「外国語の学習は早く始めるほうがよい」という仮説があります。英語でいえば "The younger, the better." ということです。"The younger, the better." という仮説には，「年齢」という変数が第二言語学習に大きな影響を与えるという前提が含まれています。

第二言語学習に影響を与える変数には，認知的変数（知能，学習スタイルなど），心理的変数（性格，動機づけなど），言語的変数（言語差），社会的変数（文化的関心，文化適応など）等々，さまざまなものが含まれます（Brown, 2014）。年齢は，性別などと同様に生物学的な変数に含まれます。

年齢と言語習得との関係に関して「臨界期仮説（critical period hypothesis）」というものが引き合いに出されることがあります。これは，概略，言語習得の可能な（生物学的に決定された）時期というものがあり，それを過ぎると言語の習得が可能でなくなるというものです。言語の習得可能な時期を何時（いつ）とするかについては，明確な時期は示されていませんが，概して，生まれてから思春期までの期間が臨界期とみなされます。この臨界期仮説は，大脳生理学者 Lenneberg（1967）が第一言語（母語）の習得において唱えたものです。臨界期中に言語を身につける環境に置かれなければ，人はその言語を十分に習得できない，というものです。では，第二言語習得についてはどうでしょうか。確かに，微妙な筋肉調整を必要とする発音能力においては，ある年齢を過ぎると第一言語の干渉を完全に克服することは困難です。しかし，思春期を過ぎて英語の学習を始めても，英語を何の苦もなく使う力（場合によっては平均的な母語話者の英語力よりも高い力）を身につけた人は少なくありません（Singleton & Lengel, 1995）。もちろん，「何の苦もなく英語を使う」というレベルにまでなるには，日々英語を使う環境にあり，しかも相当の学習努力を払う必要があります。しかし，実際にそういう人がいるのは事実です。筆者の日本人の友人にも，そういう人が何人かいます。そうした事例は，臨界期仮説が第二言語習得には当てはま

13

らないということを物語っています。

　ほとんどの学習者が求めているのは，母語話者を凌ぐような英語力ではなく，いろいろな状況で十分に使える（機能する）英語力だろうと思います。そして，そのレベルの英語力であれば「だれでも身につけることができる」というのが本書での前提です。その根拠となる事例を挙げておきます。

　筆者が長年関係している国際協力機構（JICA）では国際協力の一環としてボランティア業務を行っていますが，その中には青年海外協力隊によるボランティアと，いわゆる「シニアボランティア」が含まれます。シニアボランティアとして海外に赴任する前に，研修所でボランティアとして活動するのに必要な研修を受けることになります。その中に，語学研修が含まれています。必要に応じて約25言語が研修言語として提供されていますが，60歳前後のシニアボランティア候補生も，スリランカであればシンハラ語，バングラディッシュであればベンガル語，ウズベキスタンであればウズベク語を現地語として学ぶことになります。ハードな研修を通して，多くの候補生がそれらの言語の日常的運用力を身につけていく姿を見てきました。もちろん，年齢とともに外国語を学習する力が落ちてくるという指摘（Birdsong, 1999）は認める必要があります。しかし，総じていうなら，必要があれば，そして十分な形で指導が行われれば，年齢に関係なく第二言語をある程度なら身につけることができるといえると思います。シニアボランティア以外にも，そういう事例は多数存在します。海外出身の力士の中には日本語がとても上手な人が多くみられます。中国語を母語とする作家楊逸（ヤンイー）は『時が滲む朝』（2008）で芥川賞を受賞しています。テレビに出演している海外出身の芸能人の場合もしかりです。おそらく，彼らに「特別の言語習得能力」が備わっていたからではなく，必要があったから日本語を習得することができたのだろうと思います。

　結論としては，程度の差こそあれ，「誰でも，何時（いつ）でも第二言語を学ぶことができる」ということです。つまり，機能的な英語力は誰でもあ

る程度身につけることができるのです。学習態度の問題として「英語はむずかしい（やっても無理）」ということから始めるか，「英語はやればできる」から始めるかでは，結果に大きな違いがでてくると思います。

おわりに

　もちろん，いくらグローバルな状況だからといっても，日本語が通じない人との関わりを持つか持たないかは，個人の選択です。しかし，そういう人と関わる機会が増えればそれだけ，英語によるコミュニケーションの必要性——my English を使う必要性——が高まります。

　しかし，ここで強調しなければならないのは，my English は単なるコミュニケーションの「手段」や「道具」ではないということです。もし英語がたんなる手段であれば，「翻訳機」を開発し，それを持ち歩けばよいということになります。しかし，どんな状況であれ，自己と他者のやりとりにおいては，それぞれの個性が発現します。そして個性は使う英語の中に，使う英語を通して表現されるのです。個性のある英語は画一化した翻訳機の守備範囲を超えています。結局，個々人が自分の英語（すなわち，my English）を我が物にしていくことが求められるのです。自分が英語の所有者になるということです。そして，my English はその人だけの英語であり，そこに個性が生まれるのです。

　◆第 1 章のポイント◆

- 「外国語としての英語」ではなく「世界共通語として英語」に注目しよう
- 「適切な英語」を決めるのは場面である
- 「学習者」であると同時に「表現者」になろう
- 自分固有の英語力＝ my English の構築を自覚して英語を学ぼう

◆第2章◆
英語を学ぶこと

はじめに

　my English は，my Japanese と同じく個人の言語能力，すなわち英語力です。my English の構築は，個人の課題であり，一人ひとりの個性を帯びたパーソナルな経験です。したがって，my English は，自ら自覚的に構築するものなのです。英語の学びを自分事として捉えるという姿勢を持つことが，よりよい英語の学びに繋がるはずです。

　英語を学ぶ過程で，語彙を覚えたり，文法問題を解いたり，教科書の英文を音読したり，英語を聞いて筆写したり，といった活動をたいていの人が経験していると思います。しかし，闇雲に英語を勉強してもなかなか英語が使えるようにはなりません。つまり，機能的な my English の構築に繋がりにくいということです。では，どうすればよいか。英語をどう学ぶべきかという問いに対する「解」は，そもそも目標となる「英語力」をどう定義するかに懸かっている，というのが筆者の立場です。

タスク・ハンドリングと言語リソース

　筆者は，英語力（＝ my English）は，以下のようにタスク・ハンドリングの力（課題をこなす力）と言語リソース（課題をこなす際に利用可能な英語）の相互関係として捉えることができると考えています。

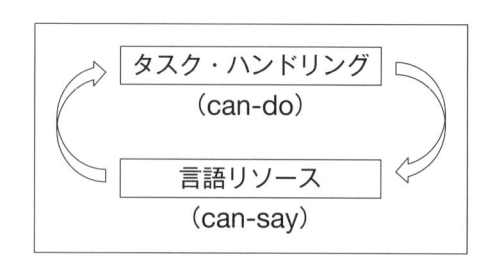

```
タスク・ハンドリング
　　（can-do）
　　　　⇅
　言語リソース
　　（can-say）
```

つまり、「どういうタスクをどれだけ機能的に（うまく）、どういった言語リソースを使って遂行できるか」、これが英語力とは何かについての問いです。「タスク」には、顔を洗う、朝食を食べるなどのように言語を必ずしも伴わない「非言語タスク」と、「自己紹介する」「値段の交渉をする」といった言語を伴う「言語タスク」があります。実際、生きるということは、次から次へとさまざまなタスクを処理していく過程にほかなりません。このように、タスクというものを広義に捉えると、すべての言語活動は、意識するしないにかかわらず、なんらかのタスクを遂行するために行われるものであるということになります。

最近、わが国の英語教育でも CEFR（Common European Framework of Reference）の影響下、can-do（何ができるか）が注目されています。英語教育の can-do リストを作成することは、英語を使って何ができるかを記述することで教育目標を設定することになり、それ自体はとてもよいことです。この can-do はタスク・ハンドリングに関係すると考えることができます。しかし、個別的な can-do のリストだけでは不十分です。というのは、そのままでは、「どういう言語リソースを使って、どういうタスクを行うか」という観点が明確に示されていないからです。タスク・ハンドリングが can-do（何ができるか）だとすれば、言語リソースは can-say（何がいえるか）として記述することができます。仮に言語リソースが限られていても多くのタスクを行うことができるはずです。しかし、言語リソース（レパートリー）が豊かになれば、それだけタスク遂行においての言語表現の可能性が高まります。

英語力をタスク・ハンドリングと言語リソースの関係として定義すると、英語をどう学ぶべきかという問いに対しては、「タスク・ハンドリングと言語リソースの両面に注目する必要がある」と答えることができます。また、語彙や文法を学ぶ際にも、タスク・ハンドリングに利用可能なリソースになるように学ばなければならないということがわかります（この点についての詳細は第 3 章以降で述べます）。

タスク・ハンドリングと言語リソースの関係として英語力を定義する

というのは，古くて新しい考え方です。「古くて」というのは，「英語を使って何ができるか」という捉え方は古くからあるものだからです。しかし，これまでの主流は，「文法能力（grammatical competence）」「談話構成能力（discourse competence）」「社会言語的能力（sociolinguistic competence）」「方略的能力（strategic competence）」などの「要素の分類（taxonomy）」として英語力（英語の communicative competence）を定義するやり方でした（Canale & Swain, 1980; Backman, 1990; CEFR, 2001）。要素の分類では，要素が次々に分かれていくだけで，英語力という動的な概念をうまく捉えることができません。ここで提案している定義は，「英語を使って」を「言語リソースを使って」に，「何ができるか」を「どういうタスクをこなせるか」に置き換えると同時に，タスク・ハンドリング力と言語リソースの相互関係を動的に捉えているところに新しさがあります。以下では，この「新しい考え方」が学習上，あるいは教育上でどういう示唆を与えるかについて，「4 技能モデル」との関連で述べていきます。

4 技能モデルの再考

　「タスク・ハンドリング」という観点の導入は，長年常識となっている「4 技能モデル」に問題を投げかけると同時に，代替案を提案する可能性を秘めています。ここでいう「4 技能モデル」というのは，スピーキング，ライティング，リスニング，リーディングを 4 つの技能（skill）とみなすというものです。この 4 技能モデルは，これまでの外国語教育の基本的枠組みを提供してきました。「小学校の段階では，スピーキングとリスニングを専ら行い，ライティングとリーディングの導入は最小限に抑える」だとか，「まず，リスニングをしっかりやってから，スピーキングに移行する」といった考え方は，すべて 4 技能モデルが前提になっています。近年「4 技能統合」という言い方が英語教育関係者の間ではよく使われ，バランスよく 4 技能を学び，4 技能の融合をはかる必要性が強調されています（Hinkel, 2005）。

第2章　英語を学ぶこと

　筆者もこの「4技能モデル」を常識として受け入れてきました。しかし，英語力をタスク・ハンドリングと言語リソースの関係として定義したとき，その常識的な考え方にはいろいろな意味で問題があるということに気づきました。例えばスピーキングを「スキル」と呼んだ途端に，話す目的の達成というより，話すという行為そのものに関心がいってしまい，それを評価する際にも，発音，流暢さ，適切な語彙の使用，文法的な正確さ，表現の適切さなどが評価基準になってしまいます。

　スピーキングを行う際には必ず「目的」があり，その目的はタスクと繋がっているはずです。タスク・ハンドリングの観点からは，評価の対象は「タスクの達成 (task achievement)」に向けられるべきなのです。しかしながら，4技能モデルは，その性格上，技能的な側面や言語的な側面に評価者の目を向けさせるという問題があります。スピーキングであれば，発音や流暢さだとか単語や文法の使い方といった側面に関心が向かうということです。そういう「4技能モデル」の評価には，「何のために話すのか」という目的が欠ける傾向があるのです。

　また，4技能といっても4つの「技能」が同等というわけではありません。リーディングはいわゆる「技能」でしょうか。リーディングとは「文字から意味を構成する過程」のことであり，Frank Smith (1976) は「リーディングはリーディングによって学ぶしかない (learning to read by reading)」と言い切っています。上で，スピーキング力は「発音」や「流暢さ」あるいは使用される語彙や文法の観点から評価されるという傾向に言及しました。しかし，リーディングにはそういった指標は適用できません。そこで，英文を読み，どれぐらい内容把握ができたかという観点でリーディング力は評価されることになります。実際，標準テストなどでのリーディング・テストは "reading comprehension test" と呼ばれます。つまり，「読解力（読んで内容を理解する力）」ということです。これは，リーディングというものをスピーキングと同様のスキルとして並列に扱うことのむずかしさを物語っています。

　「リーディングの目的は読解力にある。そして多読（たくさん読むこ

19

と）で読解力を高める」ということが，英語教育において一般的な見方だと思います。たしかに，その通りです。しかし，多読によって読解力を高めるという主張には，「何をどのように読む」という点が抜けています。ここでも強調しなければならないのは，リーディングという行為そのものではなく，「何のためのリーディングか」ということです。同じ多読でも目的を意識した読み方をすることで，リーディングをさまざまなタスクとして考えることができるようになります。リーディングの目的としては，例えば，以下が含まれます。

・情報を得るために読む：例．論文を書くため先行研究を読む，どういう割引商品があるか知るために広告を読む
・学習のために内容を暗記するように読む：例．教科書を読む
・英文の内容を理解し，設問に答えるために読む：例．入試問題を読む
・分析し批判するために読む：例．評論家の視点で読む
・娯楽のために読む：例．雑誌を読む，新聞を読む
・相手の心（気持ち・要求内容）を知るために読む：例．個人的な手紙などを読む

「情報を得るために読む」と「娯楽のために読む」とでは読むタスクが異なり，それに応じて読む観点も，読む姿勢も異なるはずです。「分析し批判するために読む」というタスクと，「学習のために内容を暗記するように読む」というタスクを比べると，やはり読む姿勢が異なるでしょう。前者は書かれた内容を「批判の対象」として捉えますが，後者は書かれた内容を「知識」として捉えます。

　では，スピーキングやリーディングを「技能（skill）」と見なさないとしたら，それは何でしょうか。この疑問を解くのには時間がかかりましたが，ある時，それは「表現のモード（mode of expression）」であると気がつきました。

表現モードには，言語を使わない非言語モード（nonverbal mode）と言語を使う言語モード（verbal mode）があります。言語を使った表現モードには，表現する側の「産出モード」（スピーキングとライティング）と，表現を受ける側の「理解モード」（リスニングとリーディング）が含まれます。表現モードには目的がありません。あくまでも「声」か「文字」か（あるいは「手話」か）の違いです。そして，声あるいは文字を使って表現するか，表現されたものから意味を構成するかの違いです。

多くの言語活動は，ジェスチャーなどの非言語モードも含んだマルチ・モーダル（multi-modal）な形で行われます。会話では話すことと聞くことの間に切れ目はありません。講演会に参加していても，聞く，読む，心の中でつぶやくなどマルチ・モーダルな行為を行っています。もちろん，ある表現モードに中心を置いたタスクも考えられます。例えば「大学で経済学入門の講義を受講する」というのは主にリスニング・モードを使ったタスクであり，「批評をするためにある小説を読む」というのは主にリーディング・モードを使ったタスクだといえます。しかし，「大学で経済学入門の講義を受講し，ノートを取る」となれば，リスニングとライティングが同時に関わるマルチ・モーダルなタスクということになります。大学の講義にワークショップが組み込まれれば，当然，それにスピーキング・モードが加わります。

タスクと表現モードの関係についてみてきましたが，「技能・スキル」という概念はここでの枠組みの中でどう位置づければよいのでしょうか。一言でいうなら，スキルはタスクを処理するために使われるものですが，スピーキング（話すこと）がそのままスキルになることはありません。ここが4技能モデルの考え方とは違うところです。大学で「与えられた課題をクラス内で発表する」というタスクを想定してみましょう。ある話題について調査し，その結果を発表するというのがこのタスクであり，ここでの主要な表現モードはスピーキングですが，発表には，非言語モード（身ぶり手ぶりなど），スライドの作成，スライドの

提示，発表についての質疑応答などが含まれ，結局，全体としてみればマルチ・モーダルなタスクだといえます。そして，そのタスクを効果的に行うために必要なのが「プレゼンテーション技法」です。すると，4技能モデルに代わる考え方として，以下の図のように，「タスク」「モード」「スキル」の3項関係の枠組みが出来上がります。

```
    タスク         表現モード              スキル
例．課題発表  →   multi-modal   →   プレゼンテーション技法
```

　課題発表というタスクの評価は，プレゼンテーション技法を上手に使っているか，表現モードはどう使っているか，などに注目して行われるでしょう。そして，プレゼンテーション技法（スキル）は，「みせ方」「メリハリ」「イラストの力」「間の作り方」などに関するテクニックが含まれるでしょう。そのテクニックが表現モードの上手な使い方につながり，それがタスクの出来栄えを決めるのです。

　さて，ここでの論点は，英語を学ぶという際に，4技能という発想からタスク・ハンドリングにシフトすることが，英語力を身につける際には重要であるということです（タスク・ハンドリングに関する詳細は，本章の中で後述します）。単に「スピーキング」「ライティング」と呼ぶ代わりに，「スピーキングタスク」「ライティングタスク」という言い方をすべきでしょう。タスクを意識することで，タスク固有，あるいはタスク・タイプ固有の特徴が意識されるようになるからです。繰り返しになりますが，スピーキングは技能ではなく表現モードであり，それを使って種々のタスクを行うというのが正確な記述の仕方です。「4技能統合」という言い方も「マルチ・モーダルタスク」と呼び方を変える必要があると思います。そして，「技能」という言葉は，タスクをこなすためのプレゼンテーションの仕方，ネゴシエーションの仕方，学術論文の書き方などにあてるのが妥当でしょう。

知識としての英語と言語リソースとしての英語

　英語力を規定するもうひとつの構成要素は言語リソースです。言語リソースとは，将棋になぞらえていえば，「表現のコマとルール」に当たります。ここでいうコマには，語彙だけでなく決まり文句（慣用表現）も含まれます。コマとルールを使って，人は，人間関係を作る，気持ちを伝える，指示する，相手をほめる，二国間交渉をする，など無数のタスクを行っているのです。

　将棋のコマとルールは，将棋を指すという目的に限定した駒でありルールです。しかし，言語の場合は，有限の言語リソースを使って無数のタスクをこなすことができるという意味において無限の可能性があります。詩も，小説も，歴史も，学問も，法律も，契約書も，お祝いの言葉もすべて言語のコマとルールを使って生み出されるのです。

　本書では，言語リソースは3つの部門から構成されていると考えます。それは，語彙力，文法力，それに慣用表現力です。

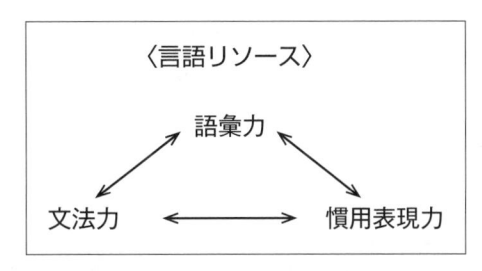

```
         〈言語リソース〉
              語彙力
           ↗       ↘
       文法力  ⟷  慣用表現力
```

　3つの部門は双方向の矢印があるように相互に関連し合っています。語彙力と文法力の関係は，例えば make という動詞を考えてみればよいでしょう。「使役動詞」としての make になると文法に関係してきます。同様に who というのはひとつの語ですが，それがどのように使われるかに注目した途端に，疑問代名詞や関係代名詞のはたらきに関心が向かい，文法問題に結びついていきます。語彙力と慣用表現力の関係についても，例えば could を取り上げてみるとその結びつきがわかると思います。could は語彙（辞書の項目のひとつ）ですが，could you please ...? となると「依頼」の意味を表す慣用表現になります。同様に，文法力と

慣用表現力にも結び付きがあります。例えば「比較」は文法項目として扱うことができますが，as ... as possible だとか nothing is more ... than などは慣用化された構文とみなすことができます。文法の中にも慣用があるということです。

　ここで「言語リソース (language resources)」という言い方をしているのには理由があります。タスクを行うために利用可能なのがリソースです。しかし，語彙を覚え，文法を学んだとしてもそれがタスクを行うための言語リソースになるという保証はありません。英語の語彙をたくさん知っていて，英文法も詳しい人でも，英語が使えないということがよくあるからです。

　具体例として，put や speak といった動詞を取り上げてみましょう。これらは基本的な動詞とみなされ，中学校の段階で習う語彙です。そして，高等学校では既習語とみなされ，特段の関心が向けられることはほとんどありません。つまり，生徒は put や speak はすでに知っている語彙とみなされるのです。しかし，これらの動詞を知っているということと基本語力があるということは同じではありません。大学生に「『目薬を指す』って英語でどういうか知っているか」と尋ねると，とっさにput が出てくる学生はほとんどいません。「82 円切手を封筒に貼る」にしても反応は同じで，put an 82-yen stamp on the envelope という表現はなかなか出てきません。つまり，put を使い切れていないということです。また，ゴリラに人間の言語を教えた結果が報告され，A gorilla can [talk, speak]. というタイトルを付す際に，「speak と talk のどちらが正解か」と大学生に聞くと，確信をもって talk を選ぶ者は多くありません。一枚の絵に言及して「この絵は多くを語る」と表現したい際に，This picture [talks, tells, says] a lot. の選択肢の中からどれを選ぶかという課題についても同様です（解答は says です）。つまり，基本動詞の使い分けがうまくできないということです。

　よく知っているはずの単語を使い切れない，あるいは使い分けられないということは，知っていることがリソースとして機能していないとい

うことです。そこで，語彙をタスクの遂行のための言語リソースにするためには，「基本語力を鍛える」という視点が必要なのです。同様に，「will と be going to は未来のことを表現するのに使われる」といった文法知識を持っていても，「彼女はこの6月に赤ん坊が生まれる」という状況を表現するのに She is going to have a baby this June. と，be going to を使うことができなければ文法力とはいえません。文法を知っているということと，自由に文を作り出すことができる文法力を持っているということは同じではありません。やはり，言語リソースにするためには文法力を身につける必要があるのです。

また，ここでいう慣用表現力というのは，状況に応じて適切な慣用表現（定型表現，熟語，諺など）を選び，使うことができる力のことをいいます。しかし，多くの学習者の場合，熟語はひたすら覚えるものという思いはあっても，それが表現活動において果たす役割について自覚していることは少なく，結局，表現は知っていても使えないという現象が起こるのです。ここでも慣用表現力を鍛えていく必要があるのです。

「言語リソース」という用語を導入することにより，タスクをこなすためのリソース（資源）を充実させるという学習目標に繋げることができると思います。これが「言語リソース」という言葉の力です。具体的には，語彙知識を語彙力に，文法知識を文法力に，そして慣用表現についての知識を慣用表現力にするにはどうすればよいかを問題意識として持つことです。

「語彙を覚える」ということと「語彙力を高める」では，学習する際に意識のありようがだいぶ違ってくるはずです。なぜなら「語彙力を高める」と表現した途端に，「語彙力とは何か」そして「それをどうやって高めるのか」という問題が出てくるからです。同じことが，文法と慣用表現についてもいえます。語彙力，文法力，慣用表現力をどう学ぶかについては，第3章，第4章，第5章で取り上げることとし，以下では，タスク・ハンドリングについてもう少し詳しくみていきます。

タスク・ハンドリング論：タスク・タイプと英語力

　タスクに話を戻しましょう。タスクといってもその数は無数にあり，膨大な数のタスクをどう学べばよいのかという問題が出てきます。また，タスクの難易度をどうやって決めればよいかという問題も出てきます。これは，can-do の記述を行う際の問題でもあります。全国の学校で，英語の can-do リストを作成する試みが行われています。それは，使える英語のための具体的な目標を設定するという意味において大切な試みです。しかし，その多くは個別のタスクの記述に関心が行き，タスクを選ぶ際の基準がなかなかはっきりしないという話をよく聞きます。そこで，筆者はタスク論が必要だろうと考えています。タスク論のない can-do 記述はその妥当性を欠く恐れがあるということです。

タスクの難易度

　まず，タスクの例を以下に見てみましょう。

- 自己紹介を行う（興味・関心を含める）
- 週末何をしたかを語る
- 友人との雑談の中で，ある朝の行動について語る
- ある人物について外見と性格を語る
- ある商品の解説を5分で行う
- 好きな相手に自分の思いをしっかり伝える
- ある会議で議長を務める
- 自分の町の様子を説明する
- 外国の友人にある場所から自宅まで来る道順を説明する。
- 中華料理とフレンチを比較して語る
- あるレストランでの1コマ（意外なこと）を語る
- 国益に合うように TPP 交渉を行う
- 学会で研究発表を行う

このリストをざっと見るとわかるように，タスクには難易度の低いものもあれば高いものもあります。これはやれそうだというもの，これは手に負えないというものなどたくさんタスクがあります。タスクの難易度は何で決まるのでしょうか。手っ取り早く難易度を判定するには，筆者は，以下のように4つの指標でタスクを特徴づけるという方法が妥当だろうと考えています。

|指標|

     Simple（単純な） 1---2---3---4---5---6---7 Complicated（複雑な）
 Familiar（親しみのある） 1---2---3---4---5---6---7 Unfamiliar（親しみのない）
   Prepared（準備できる） 1---2---3---4---5---6---7 Spontaneous（即興の）
  Procedural（手順のある） 1---2---3---4---5---6---7 Free-floating（自在な）

|難易度| Easy 1---2---3---4---5---6---7 Difficult

　まず，simple ─ complicated の指標ですが，これはタスク自体の複雑さを判定する指標です。「ある食べ物の感想を述べる」と「2つの食べ物を比較して，両者の違いを述べる」というタスクであれば，後者のほうが複雑さは高いといえるでしょう。日本文化にふれて「若者言葉の『かわいい』を説明する」と「『義理』と『人情』について説明する」ではやはり後者のほうが複雑な説明になるでしょう。
　familiar ─ unfamiliar の指標はタスクに対する親しみの度合いに関するものです。筆者にとっては大学で講義をするというタスクは日々慣れ親しんでいるものですが，サッカーの実況中継をするというのは，まったく親しみのないタスクです。概して，親しみの高いタスクのほうがそうでないものより難易度が低いといえます。
　prepared ─ spontaneous は「準備することが可能かどうか」に関する指標です。ある結婚式で祝辞の詞をいうのに事前に頼まれていれば，それなりに準備ができます。しかし，あるパーティーの席上で突然「一

言お願いします」とふられた場合は即興で対応するしかありません。もちろん，準備したタスクのほうがそうでないものより概してやさしいといえるでしょう。学会などで発表はなんとかできるが，質疑応答は苦手であるという場合もここでの指標が当てはまります。

そして，procedural — free-floating の指標は，例えば「会議の司会」と「雑談」の違いです。会議の司会者が話す言葉はある程度予想がつきます。一方，雑談は手続き的な流れに沿って行われることはまれで，偶発性をともなって自由に流れていきます。

この4つの指標は，個人が一人ひとり直観で判定するものですが，「一般的に他の人もそうだろう」という想定の下，タスク特性を教師（複数人であればなおさらよい）が判断するということもあり得ます。例えば「結婚式で3分程度の祝辞の詞を述べる」というタスクがあるとします。筆者の判断で難易度を判定すると以下のようになります。

タスク：「結婚式で3分程度の祝辞の詞を英語で述べる」ことを3か月前に頼まれ承諾

Simple（単純な）　1---2---3---4---⑤---6---7　Complicated（複雑な）
Familiar（親しみのある）　1---2---3---4---5---6---⑦　Unfamiliar（親しみのない）
Prepared（準備できる）　①---2---3---4---5---6---7　Spontaneous（即興の）
Procedural（手順のある）　1---2---③---4---5---6---7　Free-floating（自在な）

難易度　　　　Easy　1---2---3---4---⑤---6---7　Difficult

3分の内容となるといろいろな情報を組み込む必要があるため複雑さは5，そしてまったく慣れていなければ親しみ度は7，3か月前なので十分な準備ができることから準備については1，そして祝辞にはある程度の型があるため，流れについては3となり，総合的にはややむずかしいに相当する5となります。

can-do と can-say がタスクの両輪

しかし、これだけではタスクの can-say 面がまったく考慮されていません。上述したように、can-do と can-say は言語活動の両輪です。そこで本来は、タスクと使用する言語リソースに関する情報があって、タスクの難易度やハンドリングの可能性が判断されるはずです。「電話でレストランの予約をする」というタスクを考えてみましょう。このままでは難易度の判定はむずかしいでしょう。しかし、以下の情報が加わるとどうでしょうか。

タスク：電話でレストランの予約をする
can-say：「日時」「人数」「庭に近い席を希望」「ネクタイの着用を確認」

このタスクをこなすためには、例えば以下のような表現をすることが必要となります。

- 木曜の夕方に予約を取りたいのですが。
  I'd like to make a reservation for Thursday evening.
- 4人です。
  There will be four of us.
- 庭園の近くのテーブルをお願いします。
  Can we have a table near the garden?
- ネクタイとジャケットの着用は必要ですか。
  Do you require a coat and tie?

「人数・日時を告げて予約する」際の表現としては、reserve a table for three, at eight, tonight なども含まれます。また、希望の時間が取れないときに交渉する必要が出た場合、タスクの難易度は高くなる可能性があります。その際の表現としては What time is available?（いつの時間なら大丈夫ですか）や When do you expect an open table?（いつ

テーブルが空きそうですか)などがあります。
　別の例をみてみましょう。タスクは「イタリアの地理的特徴を記述する」というものです。そして，言語リソースに関する情報として以下が含まれたとします。

タスク：Describe what Italy is like geographically.
can-say：以下の情報を含めて説明する。
　・日本より少し小さい；アリゾナとほぼ同じ大きさ
　・イタリアの北部はオーストリアとスイスと境界を接している
　・形は長靴のようである

　ここで示した情報を表現するには，以下のような言語リソースが必要となります。

　・little smaller than Japan; about the same size of Arizona
　・the north part being bordered by Austria and Switzerland
　・looks like a boot in shape

　そして，これらの表現を使うことで，以下のようにイタリアの地理的特徴を記述することができればこのタスクは遂行することができたことになります。

解答例：Italy is about the size of Arizona, a little smaller than Japan. The north part of the country is bordered by Austria and Switzerland. The peninsula is shaped very much like a boot.

　このように，タスクの記述だけでなく，can-sayの内容を示すことで，具体性のあるcan-doを示すことができるということです。

タスクとタスク・ハンドリング・スキル

　しかし，タスクは無数に存在し，個々のタスクをリストしても英語を学ぶ際にはその場限り（アドホック）なものになってしまいます。この問題は，難易度の観点からタスクを分類したり，can-say を考慮しても解決されません。まさに，can-do リスト作成の最大の難点なのです。

　筆者は，個別タスクから「タスク・ハンドリング・スキル（task-handling skill）」に視点を移すことが必要だろうと考えています。つまり，タスクを行うのに求められるスキル面に注目することが必要だということです。無数のタスクの背後に有限のスキルがあるという前提です。そして，スキルであれば，鍛えることができ，それを多様なタスクをこなすのに利用することができるはずです。

　では，無数のタスクの背後にあるスキルにはどういうものがあるでしょうか。以下は，口頭によるタスクを行う際に想定できるスキル（タスク・ハンドリング・スキル）の代表的なものです。

- ●雑談力（とりとめもない会話を自然の流れの中で行う）
- ●事物描写力（人工物や写真などを描写する）
- ●説明力（因果関係や時系列に注目して問題などを説明する）
- ●発表力（スピーチ，プレゼンなどを行う）
- ●比較記述力（物を比べて優劣，長短などを述べる）
- ●物語展開力（日常的なストーリーを語る）
- ●対話力（創造的で生産的な話し合いを行う）
- ●交渉力（自分が有利になるようにさまざまな交渉を行う）
- ●議事進行力（会議などの議事を進行する）
- ●関係調整力（依頼，提案，約束，謝罪など対人的なやりとりを行う）

　これらのスキルは個別具体的なタスクを行う際に使うことができるものであり，訓練をすることができます。タスク・ハンドリング力を育てるという際に，その学習の対象となるのは個別的なタスクではなく，い

ろいろなタスクの背後にあるこれらのスキルでなければなりません。

　例えば，雑談力はそのひとつです。雑談は日常会話の典型的な行為であり，雑談力を論じることは会話力を論じることになります。詳しくは，第6章で取り上げますが，ここでも簡単に，雑談力（会話力）のためには，どういう訓練が必要かにふれておきます。まず，いろいろな角度から自在に質問をし，応答する力が求められるでしょう。発問力は訓練することが可能です。また，日常会話は，言語的には，断片の連鎖として展開します。完全な文を連鎖させるというより，断片を連鎖させて表現を紡ぎ出していくということです。頭の中で文を作るのではなく，浮かんできた表現をどんどん口にするのが雑談の自然な姿であり，その分，言いよどみやためらい（「うーん」「っていうか」など）を表す表現もたくさん使われます。事情はどの言語でも同じです。さらに，慣用表現を上手に使うことで思考の流れ，会話の流れを作りだすことが必要です。だとすると，雑談力，すなわち会話力を鍛えるためには，いろいろな角度から発問をして会話を展開する力，表現を断片連鎖として紡ぎ出す力，そして慣用表現を使いこなすことで会話の流れを作る力などに注目し，意識的なトレーニングをしていく必要があります。

　もう一つ，タスク・ハンドリング・スキルの例として「事物描写力」を取り上げてみましょう。show&tell のように手にした事物について述べるというのが典型的ですが，ここでは，描写する物が手元にない状況を考えてみましょう。具体例として「ラムネ」について描写するとします。

　これはひとつのタスクです。しかし，いきなり「ラムネについて描写せよ」と言われても，戸惑う人が多いのではないでしょうか。そこで，事物描写するコツのひとつとして，以下に注目して語るという技術を身につけたとします。

〈事物描写力の方法〉
　・タイプ（種類）で語る

・直訳する，由来を説明する
・比較する
・素材や形状を説明する
・用途や使い方を説明する

すると「ラムネ」について，以下のような描写をすることができるでしょう。

Ramune is a type of soft drink in a bottle.〈タイプを述べる〉
Ramune comes from "lemonade." Some Japanese took the two words as sounding similar.〈由来を述べる〉
In the bottle, a small glass ball is placed at the top of the bottle.〈形状を記述する〉
It's a lid. To drink, push the ball down hard with your thumb into the bottle.〈用途・働きについて述べる〉

これは事物描写力を鍛える方法のひとつですが，こういう表現方法を身につけておけば，いろいろな状況に応用が効くはずです。

事物描写力を鍛えるもうひとつの方法に写真の記述があります。例えば，居酒屋で男性1人と女性2人が刺身をつまみに酒を飲みながら話をしている状況を収めた写真があるとします。

その場合，タスク・ハンドリング・スキルとして事物描写力を鍛えるためには，何に視点を置くかがポイントとなります。事物描写のやりやすさからいえば，全体から細部へ視点を移していくやり方が有効です。全体描写から個別描写へのシフトです。全体描写として，(1) 場所はどこで，時間は何時か，(2) だれがいて，何をしているのか，(3) 写真の中に（人以外で）何があるか，ということに関心を向けます。例えば，写真の中から次のような情報が得られたとします。

〈全体描写〉
- 場所と時間：夕食時の居酒屋
- 誰がいて，何をしているのか：テーブルに1人の男性と2人の女性の3人がいる。彼らは，楽しげに話をしながら飲んでいる
- 写真の中に見えるもの：テーブルには刺身の大皿がある

これを英語で表現すれば，以下のようになるでしょう。

- This is a picture of an *izakaya*, a Japanese-style drinking pub, at dinner time.
- There are three people at the table, one man and two women.
- It looks like they are happily talking and drinking.
- There is a big plate of sashimi on the table.

さらに，写真の内容にズームして人物に注目し，以下のようなことに気づいたとします。

〈人物の個別記述〉
- 左手の女性は右手にビールのグラスを持っている
- 男性は右手に酒のグラスを持っているようだ
- 真ん中の女性は聞き役で，右手には箸を持っている
- たぶん，男性と左手の女性は恋人同士だろう

これを英語にすれば，以下のようになるでしょう。

- The woman on the left has a glass of beer with her right hand.
- I think the man has a glass of sake with his right hand.
- The woman in the middle is listening. She is holding a pair of chopsticks with her right hand.

・Maybe, the man and the woman on the left are boyfriend and girlfriend.

　写真を描写するには，位置関係を表す on the left, in the middle, next to などの表現は言語リソースに含めておく必要があります。また，写真なので確信が持てない内容も含まれます。そこで，It looks like..., It seems ..., I think ..., Maybe ... などを適宜使う必要があります。このように，視点を調整する（全体の枠を示し，個々に焦点を当てる），対象を変える，位置関係を示す表現を使う，確信の度合いを表現の中に盛り込むなどは，写真の事物描写をする際の有効なテクニックだといえるでしょう。

　ちなみに，写真描写は事物描写力を鍛えるのに最適な方法だと考えています。実際の写真を描写する訓練をしておけば，日常の中で目に映ったものをスナップショット的に捉え，それを描写するということができるでしょう。これは，「朝の電車内」「ランチを食べる食堂内」「会社の会議中」などいつでもどこででもできるエクササイズです。もちろん，場面を静止画的に（写真のように）切り取って英語で描写してもよいし，場面を動画的に捉えて英語で描写してもよいでしょう。

　いずれにせよ，個別のタスクの背後には共通のスキルがあり，それぞれのスキルの特性を分析し，それを身につけていくことが英語力を高める上では大切だということです。そして，発表力，議事進行力，物語展開力など上で挙げたタスク・ハンドリング力を支えるスキルは，事物描写力と同様に訓練することが可能である，ということが大切なポイントです。

おわりに

　本章では，英語を学ぶ目的である英語力の定義についてみてきました。英語力とは「英語でいろいろなことができる」ということですが，英語でタスクを行うには英語の言語リソースがなければなりません。そ

こで,「タスク・ハンドリング+言語リソース=英語力」という捉え方をここではしています。言語リソース論については,以下の第3章から第5章にかけて,その詳細を述べます。そして,最終章では,会話力(雑談力)を話題にして,会話力を育てるのに何が必要かという問題についてみていくことにします。

> ◆第2章のポイント◆
> ・英語力とは,タスク・ハンドリング(タスクをこなす力)+言語リソース(タスクをこなすための英語のリソース)である
> ・「4技能」という発想から「表現モード」にシフトしよう
> ・言語リソースを構成するのは,語彙力と文法力と慣用表現力である
> ・タスクの背後にある共通のスキルを身につけることが,英語力の向上につながる

◆第3章◆
語彙力を育てる

はじめに

　英語で何かをするため（can-do）には，英語の「コマとルール（can-say）」が必要です。このコマとルールのことを英語の言語リソースと呼びますが，ここでは，言語リソースのひとつの柱である語彙力についてみていきます。

　英語の語彙を学ぶ目的は，知っている語彙の数を増やすことだけではありません。その目的は，語彙力を身につけ，高めていくことです。では，語彙力とは何でしょうか。例えばTOEICやTOEFLといった英語の標準テストが広く用いられています。そのテストの中には語彙に関する問題が含まれています。しかし，あるテストで測定しようとしている語彙力とは何かと問えば，明快な回答が得られないことがあります。これはテストの妥当性にかかわる問題です。妥当性というのは，「本来測定しようとしているものを測定しているかどうか」を問うことをいいます。これはテスト作成の際の問題ですが，語彙を学習する際にもその目的となる語彙力を明確にしないまま学習を続けても，タスク・ハンドリングのためのリソースとして使える語彙力の習得には繋がらない可能性があります。語彙力を定義しないまま語彙をひたすら覚えるということは，目標のない学習を行うということに等しいといえます。

語彙力の定義

　本書では，語彙力は，「基本語力と拡張語力から構成される」と考えます。そして，基本語力は「基本語を使い分け，使い切る力」と定義します。一方，拡張語力は「領域の種類＋語彙量」として捉えることができます。どういう領域についてどれだけ豊かな語彙量を持っているかと

いうのが拡張語力だといえます。簡単にいえば，どれぐらいの語彙数を持っているか，そして，その語彙でどれだけの話題を語ることができるか，これが拡張語力であり，語彙の量的側面であるといえます。話題として「科学」と「物理」については強いが，「犯罪」や「軍事」は弱いということがあるでしょう。それでは話題に偏りが出てきてしまいます。ただ，語彙の数を増やすだけではなく，その語彙がカバーする領域も考慮しなければならないということです。

　基本語力を語彙力の基盤としつつ拡張語力を必要に応じて伸ばしていくというのがここで想定する語彙学習の姿です。基本語力が語彙力の基盤（foundation）になるということです。

　ここでいう基本語には，名詞を除けば，動詞（take, get など），形容詞（big, wide など），副詞（well, there など），前置詞（in, over など），代名詞（it, one など），疑問詞（who, what など），接続詞（but, so など），助動詞（can, will など），冠詞（a, the）を合わせて500語程度が含まれます。そのほとんどが中学校の英語で学ぶ単語だといえます。しかし，通常，約2,000頁に10万語程度の語彙を収録する学習英和辞書の5割以上をこの基本語の記述が占めています。1項目の基本語の記述に数頁を費やすということが一般的にみられます。このことは，基本語の持つ意味の可能性がいかに大きいかを物語っています。

　約500語を基本語と見なした場合，英語の基本語力において特に注目しなければならないのは基本動詞と前置詞だと筆者は考えています。基本動詞は have や make や give にみられるように文法との関連があるばかりか，英語表現のエンジンとしての役割を果たします。また，日本語が助詞言語であるのに対して，英語は前置詞言語であり，前置詞の英語表現において果たす役割はこれまた大きいものがあります。川端康成の『雪国』は「国境の長いトンネルを抜けると雪国であった」で始まりますが，その訳者 Edward Seidensticker は The train came out of a long tunnel into the snow country. と英訳しました。この表現は前置詞言語としての英語がうまく生かされています。

第3章　語彙力を育てる

　この章では，基本動詞と前置詞に関する基本語力を身につけるためにはコア理論が，拡張語力の育成には語彙ネットワーク理論が有用であるという提案を行います。本章のメッセージは，「語彙力を育てるには，コアで本質を掴み，ネットワークで繋いでいくのがよい」というものです。

基本語学習の問題点

　基本語力は「基本語を使い分け，使い切る力」のことであると定義しました。しかし，実際は，使い分けに対して使い過ぎ，使い切りに対して使い残しがみられ，この2つは克服しなければならない問題です。その克服はむずかしく，大学生を調査してみると，基本語力がしっかり身についていない学生がほとんどです。

　そもそも英語の語彙を日本人が学ぶ際に避けて通ることのできない学習方略として「翻訳語を充てる (search-translation-equivalent strategy)」というものがあります。これは，in spite of に対して「〜にもかかわらず」，uncomfortable に対して「不快な」，accountability に対して「説明責任」といった具合に日本語を通して英語の語彙の意味を学ぶという方法で，ここで挙げた例のような場合には大変に有効な学習方法です。in spite of の意味を日本語なしに理解しようとすれば容易ではありません。一言でいえば「拡張語」については，absenteeism（常習的欠勤），accommodation bill（融通手形），comfortable majority（安定多数），bulimia（過食症）のように翻訳を充てるという学習方略は有効なものといえます。むしろ翻訳語なしでこれらの語彙の意味を理解しようとすれば途方もなくむずかしいということが想像できるでしょう。

　しかし，put のような基本動詞の場合はどうでしょうか。英和辞典では「置く」「課す」「翻訳する」「言い表す」「つける」といった語義が以下のような用例とともに put の意味としてリストされます。

　1. Don't put your dirty shoes on the bed.　ベッドに汚い靴を置かない

で。
2. They put a heavy tax on imported cars.　輸入車に重い税金を課す。
3. Ed put a Japanese haiku into English.　エドは日本語の俳句を英語に翻訳した。
4. Let me put it this way.　こう言ったらどうでしょうか。
5. She put a nice broach on her dress.　彼女は素敵なブローチをドレスにつけた。

しかし,「置く」「課す」「翻訳する」などはまったく意味の関連性のない表現で,日本語にした途端に put の意味の連続性は絶たれてしまいます。それだけではありません。辞書にある日本語訳を全部足せば, put の意味を理解することができるかといえば,そうはいきません。というのは put の典型的な意味だと考えられている「置く」をひとつとっても,「置く」は put の意味の一部ではないからです。日本語の「置く」からは place や set といった動詞も連想されます。また,「ジョンは新しい秘書を置いた」と日本語で言いますが,英語では John staffed a new secretary. であって,ここで put は使いません。「この店にサングラスを置いていますか」も Do you carry [have] sunglasses? であって,put は使いません。すると,英和辞典からは「put =｛置く,課す,翻訳する,言い表す,つける｝」と言った1対多の英日関係ができます。そして,「置く」に注目すると,和英辞典を参照すると「置く =｛put, place, set, staff, carry｝」といった1対多の日英関係が作られることになります。「課す」や「翻訳する」においても同じです。つまり,どこまでいっても put の意味を捉えることができないという「意味の循環の問題」があります。これは,put を学習するほとんどの日本人が直面する問題です。

　英語では put は put のはずです。put に,本来,たくさんの意味があるはずがありません。むしろ,日本語の訳語は,put の意味ではなく,それが使われる状況を表した言葉と考えると,「put は put である」と

いう直観と整合します。つまり，「AをBに翻訳する」という状況でput A into Bという表現を使うことができるということです。ほかにもturn A into Bだとかtranslate A into Bさらにはrender A into Bなどの選択肢がこの状況を表す際には考えられます。putかturnによって同じ「翻訳する」でも意味合いが異なり，その意味合いの違いはputやturnの本来の意味に起因するということです。では，それぞれの本来の意味をどう捉えるかということになりますが，この問題は次のセクションで扱います。その前に，もう少し，基本動詞を学習する上でのさらなる問題にふれておきます。

　ほとんどの人はputと聞けば「置く」を連想します。putにはたくさんの訳語があるのにどうして「置く」が選ばれるのでしょうか。「putの意味は『置く』」だと教師に明示的に教えられたから，と答える人もいるでしょう。また，初期入力の効果といったものがあり，最初にインプットした内容が「put＝置く」であれば印象が強く，学習が進んでもその効果が続くためというのもその理由のひとつでしょう。いずれにしても「put＝置く」というのがputの基本的な意味であるということについては多くの日本人学習者の「信念」になっています。

　しかし，上述したように「置く」はすべてputで表現することができるかといえば，そうではありません。このことが直ちに大きな問題になるわけではなく，むしろ「put＝置く」という理解が定着してしまえば，putを自由に使うことが抑制されてしまう，ということが問題なのです。つまり，「put＝置く」という理解の仕方をしている人は，「目薬をさす」という状況でputを使うことを思いつきません。同様に「82円切手を封筒に貼る」という状況でputを使うこともなかなか想像できないでしょう。つまり，「put＝置く」がputという動詞を使い切ることを抑制してしまうということです。これは，putを使い切る力を育成する上で大きな障害になります。

　「翻訳語を充てる」という学習方略は，第二言語として英語を学ぶ際にはごく自然なことで，おそらく避けることはできないでしょう。しか

し，基本動詞のような使い勝手のよい多義的な語彙においては問題があります。では，多義的な状況で使うことができる基本語をどう学べば，基本語力を育てることに繋がっていくのでしょうか。この問いは，基本語の意味をどう捉えるべきかという意味論の問題に関係しており，以下ではそのことについてみていきます。

基本動詞と前置詞の意味論

　ここでは，多義的な基本語の中でも，基本動詞（take, get, see, put, hold, break, cut など）と前置詞（in, on, at, over, under, across, to など）に注目します。この2つは，筆者が「基本語力」という際に最も重視している項目であり，また意味論的にも類似性があります。

　まず，前提として，基本動詞と前置詞の意味はたくさんあって多様で複雑だという印象がありますが，意味論的には，多様で複雑なのではなく，「単純で曖昧である」という立場が妥当だと考えています。その理由を説明します。

　基本動詞や前置詞の意味は，名詞の意味とは異なります。名詞にはその指向対象（指さす対象）が想定され，指向対象との関係によって意味が決まります。しかし，指向対象は知覚対象（知覚で捉えることができる対象）と観念対象（定義によって作られる対象）に分かれます。知覚対象の場合は，対象が先にあり，それに言語を充てていくことができますが，観念対象の場合は，言語が先でそれに定義を加えて対象を創り出します。説明しましょう。

　「犬」という名詞はある対象（動物）を指すのに用いられます。この場合，「犬」というコトバが向かう先は知覚対象（例．一匹の飼い犬）です。一方，「尊厳」というコトバが向かう先は観念対象であり，その内容は「尊厳」という言葉の定義として創られるものです。例えば「尊厳」は「生命，身体，名誉，プライバシー，良心，思想，信条といった，尊く，厳かで，侵してはならない人間としての価値」と定義してはじめ

て，それが観念対象になるということです。実は，「犬」の場合も「犬というものについての理解（概念）」がなければ「猫」との差異化はできず，「知覚対象としての犬」だけでなく，「観念対象（概念）としての犬」が指向対象になることがあります。文法でいうところの「総称用法」に当たります。

　要は，名詞の意味の取り扱いにおいては，名詞とその指向対象（知覚対象，観念対象）との関係で考えることができるということです。換言すれば，名詞には指示機能があるため，比較的，多義の構造がはっきりしているのです。そこで例えば，eye の語義としては「目」「視覚，視力」「目つき，まなざし」「ジャガイモの芽」「針の穴」「台風の目」などが認められます。「器官としての目」が eye の基本義ですが，「目の様子（雰囲気）」に注目すれば「目つき」「まなざし」になり，「目の機能」に注目すれば「視覚，視力」の意味に展開します。また，器官としての目を情景的に投射して「ジャガイモの芽」や「針の穴」や「台風の目」といった語義が生まれます。このように，名詞の語義は多義的だといえます。

　一方，動詞の場合は，それが指す対象はありません。例えば break はたくさんの状況で使うことができる動詞です。break bread といえば「パンをちぎる」，break a horse といえば「馬を飼いならす」，break a sad news といえば「悲しい知らせを突然伝える」，break a hundred dollar bill といえば「100 ドル札を崩す」ということです。これらは他動詞の例ですが，文にするには主語が必要です。break には自動詞用法もあり，My voice broke at twelve. だと「12 歳で声変わりした」ということだし，野球で His ball is really breaking today. といえば「（投手に言及して）今日はボールがとても切れている」となるでしょう。

　すると，break の意味は，他の情報との関連で決まるという特性を考慮して，対象指示的というより，むしろ関数的であると考えるのが自然です。すなわち，f (x, y) といった関数式になぞらえて，break (x, y) において x と y の値によって break の意味が暫定的に決まる，ということです。break (Ned, a horse) と break (CBS, a special news) と

では，breakの意味合いはそれぞれ「(ネッドは馬を) 飼いならす」と「(CBSは臨時ニュースを) 伝える」となります。このbreakは2つの名詞を関係づけてあるコトを表現するはたらきをしています。Nedとa horseはそれぞれ異なった2つの名詞（モノ）ですが，breakが2つのモノを関連づけることで「ネッドが馬を飼いならす」ということを表現しています。

　前置詞の場合も同様に，2つのモノの意味関係を表すという意味において，その意味は関数的であるといえます。つまり，2つのモノを関係づけるという働きにおいて，動詞と前置詞は共通しています。例えばonの使い方を見ると，apples on the tree（木になっているリンゴ），a shadow on the wall（壁に映った影），boys on the bus（バスに乗っている少年たち），a fly on the ceiling（天井にいるハエ）などがあり，これもon (apples, the tree)，on (boys, the bus)といった形式で表現することで，onはxとyの値を空間的に関係づける機能をしていることがわかります。

　breakの意味もonの意味もxとyの値によって定まるという意味において関数的です。そして，ここで関数的ということは，動詞と前置詞の「本来の意味」はそれ自体では曖昧であるということです。

　基本動詞の意味が曖昧であるということについて，takeを例にして検証しておきましょう。例えばJohn took some pills.だと「ジョンは錠剤を飲んだ」と訳すでしょう。しかし，以下のような情報を追加すればどうなるでしょうか。

John took some pills　　　　　〈追加情報〉
　　　　　　　　　　　⎰ and put them on the table.
　　　　　　　　　　　⎪ to Mary.
　　　　　　　　　　　⎨ from a drugstore and got arrested.
　　　　　　　　　　　⎩ away from children.

第3章 語彙力を育てる

追加情報が and put them on the table であれば，John took some pills の took は「飲んだ」ではありえません。この場合は，「ジョンは錠剤を手にしてそれを食卓に置いた」といった感じでしょう。また，to Mary が追加されれば，「ジョンは錠剤をメアリのところに持って行った」という意味合いです。さらに，John took some pills from a drugstore and got arrested. は状況次第で「ジョンは薬局から錠剤を盗んで，逮捕された」と訳されるでしょう。また，away from children が追加されれば「ジョンは薬を子どもたちから遠ざけた」という意味合いに変わります。

いずれにせよ，ここでのポイントは，take some pills だからといって「錠剤を飲む」という意味が完全に確定しているわけではないということです。言い換えれば，take に「飲む」という意味や「盗む」という意味が本来的に備わっているわけではない，ということです。そして，意味に曖昧性があるからこそ，take のような基本動詞はさまざまな状況に使うことができるのです。逆に，意味の輪郭がはっきりしている動詞は意味拡張の可能性は大きくありません。以下を見てみましょう。

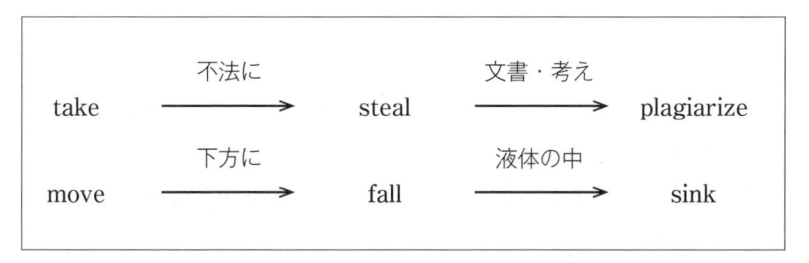

```
           不法に              文書・考え
take  ─────────→  steal  ─────────→  plagiarize

           下方に              液体の中
move  ─────────→  fall   ─────────→  sink
```

例えば take はそれ自体では意味が曖昧ですが，「不法に」という意味要素が組み込まれることで steal（こっそり盗む）が生まれ，steal に「他人の文書・考え」を組み込むことで plagiarize（剽窃する）が生まれます。これは意味の個別化です。同様に，move といえば「移動する」しか表しませんが，「下方に」という意味要素を組み込むことで fall が生まれ，fall に「液体の中」が組み込まれることで sink（液体の中を沈む）

が生まれます。組み込まれる意味要素の数が多ければそれだけその語彙の輪郭（＝意味）ははっきりしてきます。また，意味の具体化に比例して意味の可能性は小さくなります。

　しかし，「意味が曖昧である」というだけでは，意味論として十分ではありません。先に，基本動詞と前置詞の意味は「単純で曖昧である」と述べました。問題なのはここでいう「単純な意味」とはどういうものか，ということです。

単純な意味＝コア図式

　言語学者 Dwight Bolinger（1977）は，意味に関する原理として以下の2つを挙げています。

　A：形が違えば意味が違う。
　B：形が同じなら共通の意味がある。

　前者は，完全な同義性を排除する主張だといえます。will と be going to は同様の状況で使うことができますが，この2つは形が違うことから意味にも違いがあります。「鳴っている電話を私がとります」という状況では I'll get it. であって，I'm going to get it. とは言いません。「似ている」に相当する resemble と take after においても同様です。例えば他人同士が似ている場合に take after は使えません。ここでは，Bの主張に関心があります。ここでいう「共通の意味」が上で述べた「単純で曖昧な意味」のことです。

　この「共通の意味」は「put は put である」とか「on は on である」という直観を反映したものです。ロシアの心理学者 Lev Vygotsky（1962）は「語義（sense）」と「意味（meaning）」を区別して以下のように述べています。

　　「語彙はそれが現れる文脈から語義（sense）を得る。異なった文脈

では，語義は変化する。しかし，意味（meaning）というものは，語義の変化を通じて安定している」

語義（状況を表す語句）は変化しても，その背後には共通の意味があるということです。本書では，「共通した意味」のことを「コア（core meaning）」と呼ぶことにします。

Mark Johnson（1987）は，意味の身体性を論じる中で，人は身体的な経験を基盤にしてスキーマ（意味図式）を獲得し，その図式の応用によってさまざまな言語活動を行うという主旨のことを述べています。意味図式はイメージであり，「イメージ・スキーマ（image schema）」と呼ばれることもあります。部屋の中にいれば「空間内」という意味図式と結び付き，それは in という前置詞で表現される。そこで，in の意味は「空間内」を表す意味図式として表象されるようになるということです。

基本動詞の多くは，動作動詞であり，さまざまな動作と動詞の関係の中から，動作に依拠した意味図式（action-based schema）のようなものが創られると考えることができます。筆者は，こうした図式をコア図式（コア・イメージ）と呼んでいます。そして，コア図式を意識した学びを行えば，基本語の学習で先に挙げた問題（初期入力効果の問題，意味の分断の問題など）を最小限に抑え，基本語力（使い分け，使い切る力）を育てるのに有効なはずです。以下では，具体的にコア図式がどう役に立つかをみていきます。使い切りの事例としては，これまで言及の多かった put を取り上げます。そして，使い分けについては，look と see と watch の関係についてみていくことにします。さらに，前置詞の事例として through を取り上げます。

〈事例1〉put を使い切る

put のコアは「何かを（元あったところから動かして）どこかに位置させる」ということで，コア図式で示すと以下のようになります。

47

put のコア図式

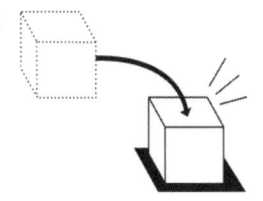

　ここでは対象となる「何かを」だけでなく，「どこかに」という場所情報が必要だということがポイントです。「位置させる」というコア感覚がわかりやすく表れているのは「猫を外にだそう」という状況で，Let's put the cat out. と表現する場合です。文字通り，「猫を外に位置させよう」ということです。新幹線などのお手洗いにある表示 Put your hand under the tap.（「蛇口の下に手をかざすと水がでます」の英訳）にしても，蛇口の下に手を位置させるということです。

　「put ＝ 置く」と考えるのではなく，「put ＝ 位置させる」と考えるほうが put の感覚に近い理解になります。しかし，「位置させる」といっても place や set といった動詞との違いがはっきりしません。あえて両者の違いを説明すれば，place が「位置させる場所」に関心が置かれるのに対して，put の場合には「何かを元ある場所から動かして，あるところに位置させる」ということから移動が前提として含意されます。また，set は「本来あるべきところに何かを据える」という感覚です。そこで，Put the dishes on the table. と Set the dishes on the table. を比べると，前者だと無造作に何枚かの皿を食卓に置くということが状況としてありえますが，後者だとテーブルセッティングを行うということです。

　このようにそれぞれの動詞の意味特性を記述していくことは可能です。しかし，基本動詞の使い方を身につけるには，日本語に置き換えるのではなく，「プットする」というカタカナ語を用いるといいでしょう。put のコアは「何かを元ある場所から動かしてあるところに位置させる」ということだと一旦理解した上で，「プットする」という言い方に

慣れるということです。「ゲットする」や「キャッチする」はすでに日本語になっていますが、「プットする」「テイクする」「ランする」をそのリストに加えていけばいいのです。

「何をどこにプットするか」によって put のさまざまな意味合いが生まれてきます。put an 82-yen stamp on the envelope だと「82円切手を封筒にプットする」ということですが、日本語でその状況を表せば「封筒に82円切手を貼る」となります。この場合、「貼る」が put の本来の意味ではありません。同様に、put a picture in the envelope だと「写真を封筒にプットする」ということで、日本語では「封筒に写真を入れる」と表現します。ここで注意したいのは、上述した通り、「(切手)を貼る」や「(写真)を入れる」は put の「意味」ではなく、put を使って表現することができる状況を日本語で表現したものであるということです。

put という動詞の特徴は「何かをどこかにプットする」ということで、「どこかに (移動先)」に関する情報が必ず必要になります。ある店の店主に「スコップを置いていますか」と聞く場面では Are you putting shovels? とはいえません。Are you carrying shovels? あるいは Do you have shovels? がここでの適切な表現です。また、「電車の中に傘を置いてきた」という状況も I put my umbrella in the train. とはいいません。I left my umbrella in the train. が適切な言い方です。「電車の中に (傘を置いてきた)」は場所に関する情報ですが、それは「傘の移動先」を表すものではありません。仮に誰かが I put my umbrella in the train. といえば、それは「傘を電車の中に入れた」という意味合いになります。

Put your hands above your head. といえば「両手を頭の上に上げろ」という意味合いです。Hold your hands above your head. も似た意味合いになりますが、hold は手の移動ではなく、「両手を頭上に置いた状態のままでいろ」ということでニュアンスが違います。同じく電車などのお手洗いの表示で「ここに手を当てると水が出ます」を Hold your hand in front of this sign. と表現していました。Put your hand under the tap. と比較すると，put だと「手の移動」が，hold だと「手前に手をしばらくかざしておくこと」が意図された表現です。

以下は，「何をどこにプットするか」で変わるさまざまな状況の例です。

- How can you put that Japanese expression into English?　その日本語の表現をどう英語にしますか。
- That would put her into shock.　そのことで，彼女，ショックを受けるよ。
- Her nagging always puts me in a bad mood.　彼女のガミガミにはいつも気分が悪くなる。
- Put yourself in my place.　僕の立場になってみてよ。
- Because of the recession, millions have been put out of work.　不景気のせいで何百万もが失業させられた。

「何かをどこかにプットする」という際の「どこかに」は物理的な意味での「どこか」だけでなく That would put her into shock. のように，心理的な意味での「どこか（状態）」であることもあります。以下の例でも「何をどこに」に注目してみてください。

- Now is the time to put duty before pleasure.　今は遊びより仕事を優先すべきときだ。
- Look, you've made some bad mistakes, but you must put them behind you and go on with your life.　ねえ，たしかにひどい間違いをしたけど，そんなことは忘れて，生きていかなくちゃ。
- The deep love I feel for you cannot be put into words.　君への僕の深い愛は言葉にはできない。

さらに put には「述べる」といった状況を表す用法があります。

・Well, let me put it this way.　では，別の言い方をしましょう。
・The world is, to put it mildly, in trouble.　世界は控え目にいっても混乱している。

ここでは，this way や mildly が「移動先」になります。ある表現がうまく伝わらない場合，Let me put it this way. のようにいいます。「ある表現」が it で，this way が「別様の言い方」といった感じです。to put it mildly は「ある表現を柔らかい状態にプットする」ということです。

移動先に関する情報を表すには，前置詞句がすぐに連想されますが，here, there といった副詞だけでなく，in, away, off といった副詞も重要な役割を果たします。put off という熟語を例として見ておきましょう。put off といえば「〜を延期する」を連想する人が多いと思います。Don't put off till tomorrow what you can do today.（今日できることを明日まで延ばすな）という諺はお馴染みです。put off は「何かを離した状態にプットする」ということで，予定が話題の前提の場合には「延期する」とか「延ばす」という意味になります。しかし，put off は「延期する」だけでなく，以下のようないろいろな状況を表現するのに使うことができます。

・Put off your silly plan.　ばかげた計画は捨てなさい。
・Will you put the lights off?　明かりを全部消してくれませんか。
・Don't talk to me. You're putting me off.　話しかけないで。気が散るから。

計画を頭から切り離してプットすれば「計画を捨てる」という意味合いになります。集中している状態で，私をその状態から離した状態に

プットすれば,「気を散らす」といった意味合いになります。しかし,ポイントは「何かを off の状態にプットする」というのが put off であって,前提となる元の状態が何であるか,何をプットするか,によって意味合いが異なってくるだけです。

〈事例2〉look と see と watch の使い分け

「何かをみる」を英語で表現する状況で,look と see が連想されると思います。それに watch を加えることができるでしょう。これらの視覚動詞は中学校で学び,基本的で簡単なものと考えられています。確かにこれらは基本的ですが,簡単かといえばなかなか使い分けがむずかしい場面もあります。

まず,look と see の違いを考えてみましょう。Look and see what's going on outside.(外で何が起こっているか見てみよう)という表現で,順番が look and see で,その逆ではないというところが大切です。先に look して次に see するという順番になります。それは,どうしてでしょうか。

まず,look のコア(本質的な意味)は「視線を向ける」というものです。

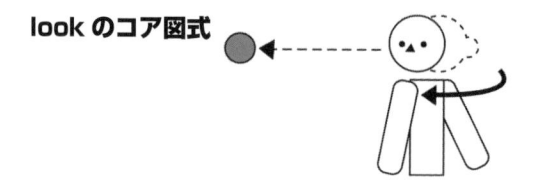

look のコア図式

何かを見るには,まず,それに視線を向ける必要があります。この「視線を向ける」という捉え方から look のいろいろな使い方を説明することができます。

視線を向けるということは,視線を向ける先を示す必要があります。そこで,look は通常, at, up, in, over, back, through, around などの前

置詞や副詞と一緒に使います。"Don't look back. Look at him. He's always looking ahead."といえば「済んだことは考えないで。彼を見てごらん，いつだって前を向いて生きているだろう」といった意味になりますが，look back, look at, look ahead はすべて視線をどこに（あるいは何に）向けるかで決まる表現です。

　look の「視線を向ける」という働きを利用して「相手の注意を引く（attention-getting）」表現として使うことができます。"Look, there's a castle down the hill."（ほらみて，丘の下に城があるよ）の look がその例です。Look what time it is. は慣用表現ですが，この look も「視線を向ける」から「注意を向ける」になっている例です。

　「視線を向ける」ということは，look は動作動詞であるということになります。だから，He is looking at the dog. のような進行形にすることができるのです。犬に視線を向けているかどうかは第三者にもみることができるため，He is looking at the dog. と表現することができるのです。後ほど説明するように，He is seeing the dog. とはふつういいません。さらに，look は対象に視線を向けるという動作的な意味合いで使うだけではなく，その対象から受ける印象がどうだという印象的な意味で使うことがあります。「〜のようにみえる」というのがその意味です。I looked at John. は「私はジョンを見た」で，John looks happy. は「ジョンはしあわせそうにみえた」となります。これは，ジョンに視線を向けたその結果として，ジョンの様子が反射してくるような関係です。

　一方，see のコアは「視覚器官が働き，何かを視野に捉える」というものです。

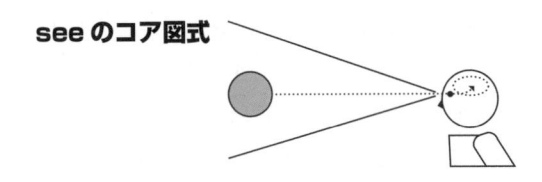

see のコア図式

seeのコアには「視覚器官の働き」と「対象を視野に捉える」の2つの要素が含まれていますが，それは名詞形のsightに，「視力」と「景色」の2つの意味があることと無関係ではありません。「生まれたばかりの赤ん坊は目が見えない」は「視覚器官の働き」に重点を置きつつ，Just born babies still don't see. と表現することができます。「暗闇で何も見えない」という状況でも，暗闇では視覚器官がうまく機能しないため，I can't see anything in this darkness. と表現します。
　「対象を視野に捉える」の典型例には，I saw a boar in the mountain yesterday. （昨日，山でイノシシを見た）やI can see a lot of stars here.（ここではたくさんの星が見える）があります。実際に，何かを（静止画的に）視野に捉えるというのがseeのポイントで，外からは何かがみえているかどうかはわかりません。これがlookとの違いです。そこで，He is seeing the dog. とはふつういいません。また，通常，何かに視線を向けると，それを見ることになりますが，厳密にいえば，lookは「視線を向ける」がポイントで，「実際に何かを見る」までは含みません。そこで，I looked over and over again but didn't see anything.（何度も何度も見てみたけど，何も見えなかった）といった表現が可能なのです。公園である知り合いが自分のことを見ていたという状況で，He was looking at me in the park. と表現しますが，実際は視線を向けていただけで，自分のことを見ていなかったということは十分にあります。
　「視野に何かをちゃんと捉える」ということから「わかる」という状況でもseeを使います。He doesn't see that it matters.（彼はそれが大事だということがわからないのだ）だとかI see what you mean.（おっしゃることはわかります）がその例です。
　通常，「見える」という意味合いではseeを進行形にすることはしません。しかし，「人物を見る」ことから「会う」，さらに「付き合う」と意味が展開した場合には，I am seeing John.（私はジョンと会っている）のように進行形で表現します。付き合えば「ジョンを見る状態が続

く」ということになります。そこで，習慣的意味を表すのに進行形が使われるのです。

なお，see の対象はモノや人だけではありません。see the day when injustice disappears（不正がなくなる日がくる）のような拡張した使い方もあります。The 20th century saw the landing of humans on the moon.（20 世紀は人間が月に降り立つのを目撃した）のような使い方もあります。さらに，I saw the boy swimming across the river.（私は，少年が川を泳いで渡っているのを見た）のような使い方も可能で，この場合の see の対象は［the boy swimming across the river］です。

look と see の違いに加えて，watch も見ておきましょう。watch のコアは，「動きがあるものを注意して見る」です。何か変化を予測しながら見ているというのが watch です。

watch のコア図式

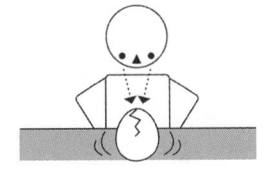

watch といえば watch TV を連想しがちですが，I usually watch TV after dinner.（夕食後たいてい TV を見る）の TV は「流れてくるテレビ映像」のことで，「テレビ受信機」ではありません。映像はどんどん変化するため watch なのです。Could you watch the children while I'm away？だと，「子どもは動き回るもの」という前提があり，「しっかり見張っている」という意味合いがあります。Look! だと「ほら，みて」という意味合いですが，Watch (out)！だと「気をつけて」となります。Watch your steps.（足元に気をつけて）も危ないことがあるかもしれないので注意を向けておくということです。Watch your language.（コトバ使いに気をつけなさい）は，悪態をついたときなどに戒める表現ですが，相手のコトバが乱れないように注意せよ，という意味です。a watcher には「情報筋」の意味がありますが，状況変化に注意を向けている人のことです。

　look も see も watch も「みる」ですが，区別の仕方としては，look は「何かに視線を向けてみる」，see は「何かを静止画的にみる」，watch は「何かを動画的にみる」と考えておけばよいと思います。see の「静止画的」は watch の「動画的」との比較で使っていますが，ひとつの対象，ひとつの出来事，ひとつの経験として視野に捉えるという意味です。

　なお，「昨夜，テレビでおもしろい映画をみた」は，通常，I watched a good movie on TV last night. といい，「昨夜，映画館でおもしろい映画をみた」は，I saw a movie in the theater last night. といいます。前者は，on TV があるため「流れている映像」のイメージが強くなり，watch と相性がよくなります。一方，映画館は場所であり，そこで映画をみたという場合は，「流れる映像というよりもひとつの作品をみた」という意味合いが強くなり，ちょうど絵画を視野に捉えるように映画作品を視野に捉えたという表現だといえるでしょう。「先週，映画を3本みた」は I saw three movies last week. となります。それは，作品として見る経験をしたということなので「何かを静止画的にみる」の see が好まれるのです。

　このようにそれぞれのコアを理解することで，それぞれの動詞の振る舞いをわかりやすく説明することができます。これがコアの力です。

前置詞の場合

　コアで捉える前置詞については，『英語感覚が身につく実践的指導』（田中・佐藤・阿部，大修館書店，2006）などで at, in, on などを含め詳しく説明してきましたが，ここでは through を例にしてみていきたいと思います。through のコアは，「空間の中を通り抜ける」というものです。

through のコア図式

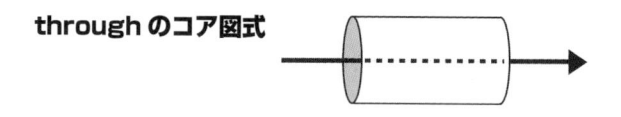

through は，典型的には，「トンネルのような筒状の物の中を通り抜ける」というイメージを持ちますが，鳥が窓から部屋の中に飛び込んで来たといった状況のように，窓枠のような平面的な空間にも使うことができます。

- We're driving through the tunnel. 今トンネルを車で通り抜けている。
- A bird flew into the room through the window. 一羽の鳥が窓から入ってきた。

また，「移動」だけでなく，There's a bumpy road through the woods.（森を抜けるでこぼこの道がある）のように，森の中を道路が通っているという「状態」を表す場合も through を用いることができます。さらに，話し手がトンネルの手前からその先を見ており，トンネルを通り抜けたところに何かがあるという視点が関係する状況も，I can see a castle through the tunnel.（トンネルの向こうに城が見える）のように表現することができます。

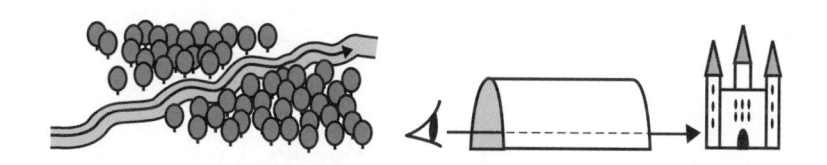

このように through は「…を通り抜けて（動き）」「(〜が）…を通り抜けている（状態）」「…を通り抜けた向こうに（視点）」という3つの

空間的な意味があります。

　さらに，「…を通り抜けて（動き）」の応用として，I'm half way through the book. といえば「その本を半分読んだところです」という意味になります。時間や経験に応用すれば，以下のような表現が展開します。

- Through the dry spell, farmers suffered greatly.　日照り続きで農民たちはたいへん苦しんだ。
- Looks like you've been through hell.　ずいぶん大変だったみたいだね。
- It rained through the whole morning.　午前中ずっと雨が降った。

　through は「…を通して」という「媒介」の意味合いでも以下のように使います。

- "How did you know that?" "I heard it through Bill."　「何でそれを知ってたの？」「ビルに聞いたんだ」
- There's no excuse if you failed through lack of your effort.　努力不足で失敗したのなら言い訳はなしだ。

　このように，コア図式は，through の多様な使い方を一貫して説明する「共通の糸（common thread）」になるのです。他の前置詞についても同じことがいえます。

形容詞の場合

　このようにコア図式は，基本動詞と前置詞の使い方を習得するのに有効性を発揮します。基本動詞の多くは動作図式として，前置詞の多くは空間図式として表現することが可能です。しかし，形容詞についてはどうでしょうか。形容詞の場合は，「名詞を伴う」という性質上，連語情

報（コロケーション情報）が重要になってきますが，コアで捉えるという方法もある程度は有効だと考えています。例えば，deep は「深い」という訳語を充てるだけでなく，「奥行きがある」というコアを示すことで，a deep river のような深さだけでなく，a deep tunnel のように水平方向の奥行きにも deep を使うことが理解できます。以下は意味的に関連した基本的な形容詞の違いをそれぞれのコアの観点から簡単にまとめたものです。

[big と large]
「大きい」という意味の基本語としては big, large が用いられますが，会話では big の方が好まれます。big は「規模（サイズ）の客観的な大きさ」を表すだけでなく，主観的な意味合いを持ち「重要度・程度の大きさ」をも表します。これに対し，large は客観的な用法が中心であり，「サイズ・規模・数量が大きい」ことを表します。そこで，a big man は「体の大きい人」と「偉い人」との間で意味が曖昧ですが，a large man は一般的に「体の大きい人」の意に限定されます。数量に関しては一般に a large number of（多数の），a large amount of（多量の）のように large が使われます。

[difficult と hard]
difficult は「何かを取り扱う上で人をてこずらせる」という意味合いを持つ形容詞です。一方，hard は「かたい」という基本義から推測されるように，「対象それ自体が本来的にもっている性質によって手ごわい」という意味合いがあります。内容がむずかしければ解答を導き出すのもむずかしいという関係が成り立ち，「難問」は，a difficult problem とも a hard problem とも言いますが，「気難しい人」の場合は，内容がむずかしいのではなく，取り扱いがむずかしいということなので，a difficult person であって a hard person とは言いません。

[wrong と incorrect]

　wrong は，right（正しい）に対して「間違っている」，incorrect は correct（事実に合っている）に対して「合っていない」ということを強調する形容詞です。「間違った人」や「間違った番号」の場合のように「選択を間違っている」の意では wrong を使い，この場合 incorrect は不可となります。「内容的に間違っている」の意だと wrong と incorrect の両方が可能です。例えば a wrong report だと「間違った（偽の）報告」，an incorrect report だと「事実と内容が異なる報告（誤報）」，a wrong answer だと「外れている答え（間違った解答）」，incorrect answer だと「内容的に正しくない答え」の意になります。

　このように形容詞についても，意味的な違いは，それぞれの語の持つコア（本質的な意味）のようなものを比較することである程度示すことができます。しかし，形容詞の場合，ある形容詞がどういう名詞と結びつくか，その結びつきの可能性に関する知識が求められます。連語の可能性は開かれており，すべてを網羅することは，現実的に不可能ですが，典型的な連語をまず押さえ，必要に応じてリストの長さを伸ばしていくことは可能です。例えば deep であれば，次のような名詞との連語を形成します。

DEEP：
meaning（意味），hole（穴），ditch（溝），tunnel（トンネル），river（川），cut（傷），emotion（感情），sleep（眠り），valley（渓谷），knowledge（知識），sorrow（悲しみ），など

　そして，日英語の比較ということからいえば，次のような関係がみられます。

思慮深い → deep consideration

深い愛情 → deep love
霧が深い → dense fog
毛深い → thick hair
執念深い → tenacious
深酒 → heavy drinking

　また，「深い関係」「深い考え」「深い洞察力」などを a deep relationship, a deep idea, a deep insight と表現することも可能ですが，英語の母語話者からすればやや不自然さを伴います。
　「甘い」も同じで，「採点が甘い」「子供に甘い親」「脇が甘い」「女性に甘い」など sweet を使うことはできません。つまり，「深い」とくれば deep が，「甘い」とくれば sweet がすぐに連想されますが，日英語の使用範囲には違いがあります。そして，その違いを乗り越えるには「連語」に注目するのが有効です。
　しかし，第 1 章でもふれましたが，世界共通語としての英語という観点にたてば，こうした連語性は，文化的な違いを知るきっかけになり，むしろ話題として取り上げることもできると思います。「青い」は「青い山」「青野菜」「青二才」などに使われますが，英語の母語話者は green を使います。そこで，「彼はまだ青二才だ」という意図で He is still blue. といっても相手には通じないかもしれません。しかし，それをきっかけに英語母語話者は He is still green. だとか He is a greenhorn. というということを知ることで，話は盛り上がる可能性があるのではないでしょうか。同じく，「甘い」と sweet の違いから，土居健郎の『甘えの構造』(1971，弘文堂) のように，日本人の精神構造に潜む甘えを話題にしていくこともできるでしょう。形容詞の他者からみた際の親しみのない使い方を直ちに「誤用」とせず，物の捉え方の文化とみなすことができるということです。
　とはいえ，基本語力の中核となる基本動詞と前置詞については，「使い分け，使い切る」力を身につける努力をすることが，my English の

言語リソース（語彙力）において必須であり，極めて重要であると考えます。英語を世界共通語として使用するに際して，共通項があるとすれば，基本動詞と前置詞に関する基本語力はそれに含まれるからです。

ネットワークで広げる拡張語彙

　拡張語力についてはどうでしょうか。英語母語話者の知っている語彙数については，いろいろな推測が行われており，その数値は1万語から7万語ぐらいまでまちまちです。筆者は，英語でさまざまなタスクを行うのに，語彙数としては12,000語から15,000語ぐらいが必要だろうと考えています。語彙には内容語と機能語というものがあり，内容語は数がこれからも増える可能性がある語であるのに対して，機能語はその数が増えることはまずありません。内容語には，動詞，形容詞，副詞，それに名詞が含まれ，機能語には，接続詞，前置詞，冠詞，代名詞が含まれます。

　筆者は，手元に15,000語程度のデータベースを持っています。これは品詞別に独自開発したものですが，内訳をみると，動詞，形容詞，副詞，名詞の数は以下のようになっています。

動詞：約1,800語（12%）　　形容詞：約3,400語（23%）
副詞：約1,100語（0.7%）　　名詞：約8,700語（58%）

　圧倒的に多いのが名詞で，約60%になっています。意外なのが形容詞の数の多さで，全体の23%を占めており，名詞に次いで2位になっています。3,400個もの形容詞を知っていれば，拡張語力としての可能性は実に大きいといえるでしょう。
　なお，15,000語といってもイメージが沸きにくいと思います。それがどの程度の語彙かを示すと，以下のような単語が含まれます。

　　rectify, regurgitate, provoke, prudent, pry, quash, quixotic, putatively, retroactively

　このリストから想像できるように，15,000語というのはかなりの語数だといえます。仮に拡張語の数を15,000語だとすれば，語彙力とは，基本語力を基盤にしつついろいろな領域における語彙を15,000語程度に拡張していくことということになります。
　しかし，拡張語力ということからいえば，大切なのは15,000語という数ではなく，「どういう領域」の語彙を含むかということです。そして，学習者の側からいえば，どうやって拡張語力を高めていけばよいか，ということになります。
　拡張語力を高めるための学習の基本は，もちろん，たくさんの英語に触れるということです。しかし，exposure（触れること）の量だけで，語彙を拡張していけるかといえば，なかなかむずかしいと思います。そこで，「体系的な学習方法」というものが必要となるのです。そして，その際の鍵となるのは，「ネットワーキング（networking）」という考え方です。
　つまり，実践的な語彙力を身につけるには，語彙の数のみに注目したのではだめで，語彙が使いやすく分類されているかどうかが重要になります。ここでいう「語彙の分類」が語彙ネットワークにあたります。ネットワークで語彙をうまく繋ぐことができれば，「有意味な学習」につながり，ひいては語彙の量を有効に増やすということになるはずです。

ネットワーキングの方法
　では，どうやって語彙のネットワークを作るかですが，その方法としては，「形態的分類」「意味的分類」「場面的・話題的分類」が考えられます。形態的分類としては，名詞，形容詞，動詞，副詞，前置詞など，品詞による分類が最も一般的です。接頭語，接尾語などを念頭においた分類も形態的な分類になります。例えばcreateやproduceという動詞であれば，そこから以下のような語彙を派生させることができます。

create：{create, creation, creativity, creative, creator}
produce：{produce, production, productivity, productive, product, producer}

　動詞の類義語で，そのままでは意味の違いがわかりにくいものでも，それぞれの名詞形を比べると差別化しやすくなるということがあります。例えば「指導」関連の動詞に teach, instruct, advise, direct などがありますが，以下のように，これを名詞形で比較するとそれぞれの意味の特徴が分かりやすくなってくるはずです。

動詞：{teach, instruct, advise, direct}
↓
名詞：{teacher, instructor, advisor, director}

　仮に動詞形の instruct と advise と direct の違いがわからないとします。しかし，名詞の「インストラクター」「アドバイザー」「ディレクター」と関連づけると理解しやすくなるのではないでしょうか。これも形態的な関連性に注目した学びの方法です。
　また，形態的なネットワーキングの代表的な方法として，接頭辞や接尾辞に注目するというやり方があります。{e-, ab-, non-, sus-, trans-} などは接頭辞の例で，{-proof, -specific, -oriented, -able, -ly, -wise} などは接尾辞の例です。e- には「電子の，インターネット上の」という意味合いがあり，そこから e-commerce, e-learning, e-dictionary など多数の語彙が作られます。ここでは suspend という語に注目してみましょう。suspend は sus- + -pend に分かれ，sus- は「下に」という接頭語です。そして，-pend は「つるす」という意味の語幹です。つまり，「何かを下につるす」というイメージが suspend にはあります。そして，suspend に関連する語としては，suspended, suspense, suspender, suspension があり，以下のようにネットワークとして示すことができ

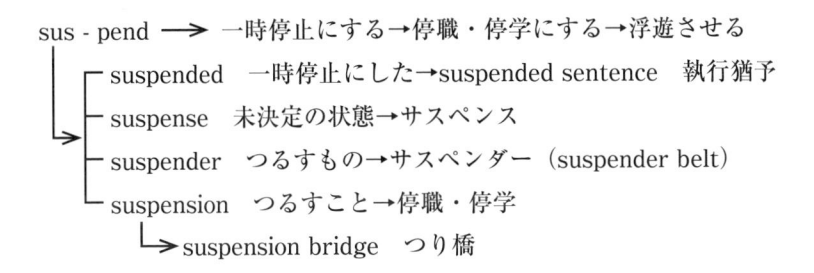

ます。

```
sus - pend ──→ 一時停止にする→停職・停学にする→浮遊させる
       ├─ suspended　一時停止にした→suspended sentence　執行猶予
       ├─ suspense　未決定の状態→サスペンス
       ├─ suspender　つるすもの→サスペンダー (suspender belt)
       └─ suspension　つるすこと→停職・停学
            └→ suspension bridge　つり橋
```

　このように形態的分類も語彙の数を増やす上では有用ですが，それだけではありません。以下では意味的な分類による概念ネットワークの例を見ておきます。

概念ネットワーキングの仕方
　動詞や形容詞の場合，概念ネットワークの方法が語彙力を増やすには有効だと思います。以下，具体例をみてみましょう。

●動詞の概念ネットワーク
　概念ネットワークの作り方のひとつとして，基本動詞の意味の展開に沿って動詞のネットワーキングを行うというやり方があります。ここではcutを例にしてみます。cutのコアは「何かに鋭利なもので切り込む」と記述することができます。このコアを軸にして，「切り込む（cut a piece of paper）」と「切り離す（cut a branch from the tree）」の意味が展開し，「切り込む」から「ケガをする（cut one's finger）」，「切り離す」から「縮小する（cut the costs）」が派生します。この基本動詞の意味の構造に着目することで，以下のような動詞のネットワークを描くことができます。

【切り込む】
carve　刻む
chop　たたき切る
engrave　彫る
slash　深く切る
slice　薄く切る

【切り離す】
detach　引き離す
dissect　解剖する
divide　分割する
partition　仕切る

CUT

【ケガをする】
injure　傷つける
stab　尖ったもので刺す
wound　武器などで傷つける

【縮小する】
abbreviate　省略する
abridge　要約する
curtail　削減する
reduce　量・額などを減らす
shorten　短くする

「ケガをする」といっても injure だと「傷つける」，wound だと「武器などで傷つける」，stab だと「尖ったもので刺す」など意味の分業が起こります。

これは cut という基本動詞を中心に据えて，cut の意味展開に関連する動詞を配置するというやり方です。take，hold，keep なども基本動詞なので，軸にして関連動詞を展開することができます。

しかし，通常は，動詞の概念領域を考え，それぞれの領域に動詞を割り振っていくというのが概念ネットワークの作り方です。以下ではその例として「発生」「達成」「変化・修正」という概念領域に含まれる動詞を紹介します。

動詞概念領域「発生」
　　happen　（偶然に）起こる／ appear　（見えるように）現れる／ emerge 立ち現れてくる／ occur　（なにかが突然に）発生する／ arise　起こる／

take place （予定していたことが）起こる／show up （人が会場などに）現れる／crop up （物事が）持ち上がってくる

動詞概念領域「達成」
accomplish （何か大きなことを）成し遂げる／achieve （目標に）到達する／attain 達成する／fulfill （夢などを）かなえる，実現する／carry out （最後まで）やり遂げる／pull off うまくやってのける

動詞概念領域「変化・修正」
change 変える，変更する／vary 異なる，変動する／switch 交換する，移す／alter 改める，仕立て直す／convert 切り替える／transform 一変させる，変形させる／revise 訂正（改定）する／modify （よりよいものにするために）修正する／amend （法律や規則などを）改正する

このように動詞の概念ネットワークを作成するには，動詞の概念領域を示し，それに動詞を配分していく必要があります。しかし，精度の高いネットワークを作るには，概念領域内での動詞の関係を示しておく必要があります。以下，「移動」という概念領域を例にして，動詞相互の関係を示しておきます。

<u>移動動詞：move</u>
　［＋前に］：advance, proceed, progress
　［＋後ろに］：retreat, recede, regress, withdraw
　［＋上に］：rise, ascend
　［＋下に］：fall, descend
　　→［＋液体の中］：sink
　［＋回転して］：revolve, rotate, wirl
　［＋徒歩で］：walk, ramble, stride, toddle, wander, stagger, pace

［＋急いで］：hurry, rush, dash, trot

　同じ移動するといっても「前後，上下」あるいは「回転して」「歩いて」「急いで」などに分類することができます。また「徒歩で移動する」に注目すると，「ぶらぶら歩く（ramble）」「大股で歩く（stride）」「よちよち歩く（toddle）」「さまよい歩く（wander）」「よろよろ歩く（stagger）」「歩調正しく歩く（pace）」など様態をさらに細かく分けていくことができます。

● 形容詞の概念ネットワーク
　概念ネットワークは形容詞の語彙拡張をする際にも有効です。以下はその例です。

(1) 視覚
　　大きさ（big, large, little, small, tiny, minute, huge, gigantic, massive）
　　広さ・太さ・濃さ（wide, broad, spacious, narrow, thick, heavy, stocky, thin, slim, fat）
　　長さ・高さ・深さ・遠さ（long, short, high, tall, low, deep, shallow, distant, remote）
　　色彩・明暗（colorful, red, brown, dark, light, bright, dim, shadowy, rayless）
　　清濁・美醜（clean, clear, dirty, beautiful, pretty, lovely, ugly, gross, horrid）

(2) 価値判断
　　善悪可否（good, great, nice, fine, excellent, fair, bad, terrible, evil, positive, negative）
　　価値・効率（valuable, precious, useful, useless, expensive,

第 3 章 語彙力を育てる

convenient, reasonable)
真偽・正誤（true, false, correct, right, wrong, real, pure, untrue, accurate, inccurate)
必要性（important, necessary, essential, influential, significant, crucial, vital)

　ここで示したような形容詞の概念領域が参照枠としてあれば，例えば「善悪可否，価値・効率，真偽・正誤，必要性を表す形容詞を使って，ある対象あるいは状況に対する価値判断を表すことができる」といった記述を行うことができます。別の切り口を採用すれば「善悪可否を表す形容詞として |good, great, wonderful, excellent, perfect, fair, bad, terrible, evil, positive, negative| を使うことができる」という記述の仕方も考えられるでしょう。
　形容詞は「味覚」に関するものや「人物」に関するものなどによって分類するのも有効な方法です。以下は，料理の味を評価する際に使う形容詞のリストです。

［料理の評価］
appetizing　食欲をそそる／bad　悪くなった／biting　ツーンとくる／bitter　苦い／bland　薄味すぎて味がない／chewy　かみごたえのある／comforting　ほっとする／creamy　クリーミーな／crispy　カリッとしている／crunchy　パリッとした／delicate　繊細な／flat　気の抜けた／flavorful　風味に富む／fruity　フルーティーな／good, delicious　おいしい／greasy　油っぽい／heavy　こってり／hot, spicy　辛い／insipid　風味のない／juicy　ジュワーとしている／light　あっさり／mellow　まろやかな／mouthwatering　よだれが出そうな／oily　油っぽい／powdery　粉っぽい／pungent　味覚を刺激する／rancid　カビ臭い／rich　濃厚な，豊潤な／salty　しょっぱい／savory　香りがよくて食欲をそそる／scrumptious　めちゃうまい／

69

smooth　なめらかな／strong　濃い／strong　刺激が強い／sugary　甘ったるい／tasteless　味がなくまずい／watery　水っぽい

　形容詞の概念領域の全体像を示すことができれば，全体の中でどれが語彙的に強いか（あるいは弱いか），さらには各領域内でのどこが語彙的に強いか（弱いか）を示すことができ，学習者一人ひとりの語彙力（ここでは形容詞力）を共通の基準にしたがって記述することが可能となります。

　このように，概念ネットワークは動詞や形容詞の学習に有効です。しかし，名詞の場合には概念ネットワークとは異なったネットワーキングの仕方が必要となります。

話題ネットワーク

　語彙の中で一番数の多いのは名詞で，拡張語力の鍵は名詞です。名詞がわからなければ話題について話すことはできません。学問の世界は，まさに専門用語（名詞）の世界だといえます。もちろん，名詞の使い方については動詞も形容詞も関係してきますが，名詞が中心であるのは確かです。

　名詞力をつけるには，闇雲に暗記に頼ってもリソースとして定着しません。例えば，以下はr-で始まる名詞を適当に10個リストしたものです。

religion　宗教／remark　発言／remedy　治療法／reminder　思い出させるもの／remittance　送金／removal　除去／renewal　新しくすること／repair　修理／repetition　繰り返し／reservoir　貯水池

　これらは何ら意味的な関連性がないリストです。仮に覚えたとしてもすぐに忘れてしまう可能性があるばかりか，何かのタスクをする際にも利用しやすいリソースになることは期待できないでしょう。

名詞の拡張語力を身につけるには，自分の関心領域に関する英語の語彙ネットワークを作成することです。自分の関心領域で使われる語彙ということで，そこでリストされるのは，それ自体でも有意味なものとなります。

　例えば「野球」に関心があるとします。野球で使われる用語は日本語であれば知っているでしょう。すると，日本語から英語表現といった具合に思いつく表現をリストする方法が考えられます。英語表現は，Web上で調べることができます。

[投手・投球に関する用語]

　　pitcher　ピッチャー，投手／winning [losing] pitcher　勝利［敗戦］投手／pitching　ピッチング，投球（術）／ace　エース／southpaw (=left-hander, lefty)　左腕投手，サウスポー／starting pitcher (=starter)　先発投手／middle reliever　中継ぎ投手／closing reliever　抑えの投手

[打者・打撃に関する用語]

　　(batting) average　打率／career batting average　通算打率／run batted in　打点／game-winning RBI　勝利打点／on-base percentage　出塁率／slugging average [percentage]　長打率／leg hit　足で稼いだヒット／base on balls (= walk)　四球，フォアボール

[試合・チームなどに関する用語]

　　inning　イニング，回／top　（回の）表／bottom　（回の）裏／the bottom of the ninth inning　9回の裏／lead　（得点での）リード／take the lead　リードする／extend the lead to 4-2　リードを4－2に広げる／retire side　チェンジになる／go-ahead run　勝ち越し点

[攻撃に関する用語]

　　bases loaded [full] (= full house)　満塁／load the bases [sacks]　満塁にする［なる］／left on base　残塁（で）／big inning　ビッグイニング／one-two-three (three up, there down)　3者凡退（で［の］）

野球に興味のある人であれば「中継ぎ投手」「抑えの投手」「フォアボール」「タッチアウト」「盗塁に成功する」などの用語を知っているはずです。それを英語でどう表現するかをみていくだけで，日英語の表現の仕方，発想の違いが見えてくるはずです。例えば「フォアボール」は base on balls といいます。英語的には「ボール球に基づいて出塁する」という発想が base on balls（BB）から読み取ることができます。

場面と話題

　「自分が関心のある領域」という場合，場面と話題の2つを考えることができます。家庭が個人の場の中心になります。ここでいう家庭は一人の場合も複数人の場合もあるでしょう。家庭に軸足を置きつつ，年齢によって仕事場あるいは学校が外でのメインな活動の場になります。専業主婦の場合には，家庭が中心かもしれません。仕事あるいは学校とは別の場もあります。そのひとつはリクリエーションの場です。ゴルフ，公園，映画，スポーツ，旅行などがリクリエーションに含まれます。そしてもうひとつは冠婚葬祭の場で，これはやや特殊な場といえるでしょう。

　いずれにせよ，人は，いくつかの主要な「場面」の中でさまざまな活動をして生きています。だとすると，拡張語力を身につける方法として，場面に立脚した語彙ネットワークの作成が考えられます。典型的な例として学校という場面で「校内の施設と設備」に注目すれば以下のような語句が語彙ネットワークに含まれるでしょう。

　　meeting room　会議室／classroom, room　教室／principal's office　校長室／staff room　職員室／office　事務室／audio-visual room　視聴覚室／sewing room　被服室／arts and crafts room　図工室／fine arts room　美術室／gymnasium, gym　体育館

　同様に，同じ学校でも「会計」に注目すると以下のような語彙ネット

第 3 章　語彙力を育てる

ワークを作ることができます。

grade-level fees　学年費／tuition fees　学費／school equipment fees　学用品費／fees for learning materials　教材費／miscellaneous expenses　諸費用／dues　徴収費用／reserve funds　積立金／financial audit　会計監査／school expenses assistance　就学援助金

　他にも「教職員」「会議」「健康診断」「部活」などに注目して語彙ネットワークを広げていくことができます。
　活動の場に加えて,「個人の話題の関心」というものがあります。個人の関心は多岐にわたり，どのように分類するか，それ自体が大きなテーマですが，例えば「軍事」に関心があれば，以下のような語彙がリストして選ばれるでしょう。

ABC weapons　核・生物・化学兵器／ABM　弾道弾迎撃ミサイル／A-bomb　原爆／act of war　戦争行為／aerial inspection　空中査察／AFN（American Forces Network）　米軍放送網／aggression　攻撃／aggressive action　侵略行動／air base　空軍基地／air cover　航空機による上空援護／air drill　空襲用訓練／air force　空軍基地／air raid　空襲用訓練／aircraft　航空機／aircraft carrier　空母／airlift　空中補給／air-to-air missile　空対空ミサイル／alert　警戒（態勢）／All clear!　空襲解除

　これはほんのサンプルですが，個人の関心を話題として取り上げたとき，その話題を語るための表現が必要となります。日本の「葬式」が話題だと,「通夜（wake）」「喪服（black clothing for mourning）」「喪主（chief mourner）」「遺族（the bereaved family）」「故人（the deceased）」「線香（incense）」「香典（monetary offering）」「献花（floral offering）」「お経（sutra）」などが必要な名詞になります。基本語はど

の話題にも関係なく言語活動の基盤を成すものですが，拡張語は，「活動の場」や「話題の関心」に関連させてネットワークするのが有効である，というのがここでの提案です。

語彙ネットワークはリストと違う

　英語の語彙ネットワークは，単なるリストとは違います。ネットワークは点と点を繋ぐ作業が必要です。そして，リストを超えたネットワークを作成するにはその作成のための指針が必要です。その指針となるのが，上記の「個人の活動の場」と「個人の関心」という考え方です。そして，この考え方から，二種類の英語の語彙ネットワークを考えることができます。「事物配置型のネットワーク」と「話題展開型のネットワーク」です。事物配置型のネットワークは個人の活動の場に関係し，話題展開型のネットワークは個人の話題の関心に対応します。

事物配置型ネットワーク

　事物配置型ネットワークでは，まず，活動の場所があり，そこにさまざまな事物が置かれているといった世界の英語の語彙ネットワークです。上で挙げた「学校」に関するネットワークはその例です。

　活動の場に注目して，大きなフレームからどんどん小さなフレームにしていくことで，精度の高いネットワークを作ることができます。例えば「自宅」の様子を思い浮かべてください。「家庭」に関する語彙のネットワークを作るとします。まず家の周りと家の中に分かれます。家の周りといっても庭や駐車場，家の中といっても，玄関，浴室，台所などの配置関係を容易に頭で描くことができますね。そして「庭」に注目すれば，庭にあるモノをリストすることができるでしょうし，庭で行う行為をリストすることができるでしょう。これがネットワークになるのは，「家庭」を話題の中心として，外，内，そして内なら玄関，浴室といった具合に，関心の焦点を移していくことができるからです。これは「事物配置型のネットワーク」だといえます。いろいろな部屋に関心を移

し，そこに何が置いているかを英語にしていくと，家関連の英語の語彙ネットワークを作成することができます。このようにして，玄関，書斎，浴室，寝室など場面を決めてそこに何があるか，あるいはそこで何をするかを整理していけば，体系的な語彙の学習につながります。

話題展開型ネットワーク

　もう一つの種類は，環境問題や政治といった話題の場合です。「家庭」の場合は，物事の配置がはじめからあり，それについて語彙をあてていくという作業ができます。しかし，環境問題が話題の場合，はじめから構造があるわけではありません。構造を作る必要があるのです。そうしないと，英語の語彙ネットワークは作れません。そこで本書では，話題展開型のネットワークと呼びます。

　話題としては，経済・財政，金融，メディア，放送，軍事，犯罪，性風俗，医療，保険，教育，料理，ファッション，結婚，製造，営業，物流，音楽，スポーツ，芸能，旅行，天気，環境などいくらでも考えることができるでしょう。ここでは，例えば環境問題に関心があるとします。環境問題に関連した語彙をリストすることは，コンピュータを利用すればむずかしいことではありません。それを頻度順，アルファベット順に並べることも，そして語彙の用例を示すこともむずかしいことではないでしょう。

　しかし，環境問題の英語の語彙ネットワークを作成しようとすれば，環境問題のストーリーを作る（話題を展開する）ことが必要となります。自分の必要に応じて，環境問題のいろいろな側面に強弱濃淡のアクセントをつけて，語彙を整理していくということです。環境問題の原発事故に関心があれば，そこに強調点を置くでしょう。地球温暖化に興味のある人は，それについて語る語彙を充実させたいと思うでしょう。一人ひとりの関心の所在に応じてネットワークを作っていけばいいのです。「水泳」に関心があれば「水着（swimsuit）」「ゴーグル（goggles）」「ビート板（kickboard）」「浮き輪（inner tube）」，「運動会」に関心が

あれば「かけっこ (foot race)」「綱引き (tug-of-war)」「玉入れ (ball-toss game)」「二人三脚 (three-legged race)」「騎馬戦 (mock cavalry battle)」「組み体操 (group gymnastics)」「障害物競走 (obstacle race)」などの名詞を語彙ネットワークに含めるでしょう。手作りのネットワークの数を増やすこと，これが拡張語力を育てるには必要なのです。

日英語で自分のストーリーを語る

　専門分野のことであれば，たとえ日本語でのやりとりであったとしても英語を交えて話すということが多くみられます。この考え方を応用して，日英語ミックスのストーリーの素案を作り，日本語から英語への比率をシフトすることで，トピックに関連した英語の語彙ネットワークを広げるという方法が，筆者自身の経験からも有効であると考えています。

　例えば，「景気」に関心があるとしましょう。すると，次のようなストーリーを作ることができます。

「経済 (economy)」は，よく「景気 (business cycle / trend)」ということばとの関連で語られる。「好況 (economic boom)」だとか「不況 (recession / depression)」という言い方はその例である。景気循環の山と谷のイメージから，「景気の底 (cyclical bottom)」などということがある。この景気は，「需要 (demand)」と「供給 (supply)」のバランスにかかっているわけだが，そのバランスが崩れると「インフレ経済 (inflationary economy)」や「デフレ経済 (deflationary economy)」，あるいは「デフレスパイラル (deflationary spiral)」という事態が発生する。「自由主義経済市場 (free market)」は，よく「見えざる神の手 (the invisible hand)」によって動かされているといわれる。「景気変動 (economic fluctuation)」は避けられないものだが，「構造不況 (structural recession)」などで景気の底から抜け出せないときには，見えざる神の手に任せるのではなく，しっかりとした「経済政策

(economic policy)」を作り，人為的な「景気調整 (economic adjustment)」を行う必要がある。

このように関心のある話題について，自分でストーリーを作り，その中に英語表現を入れていくという方法です。ストーリーの作り方は自由ですが，関連した複数のストーリー（金融政策や投資など）を元に，以下のような語彙ネットワークを作成することができます。

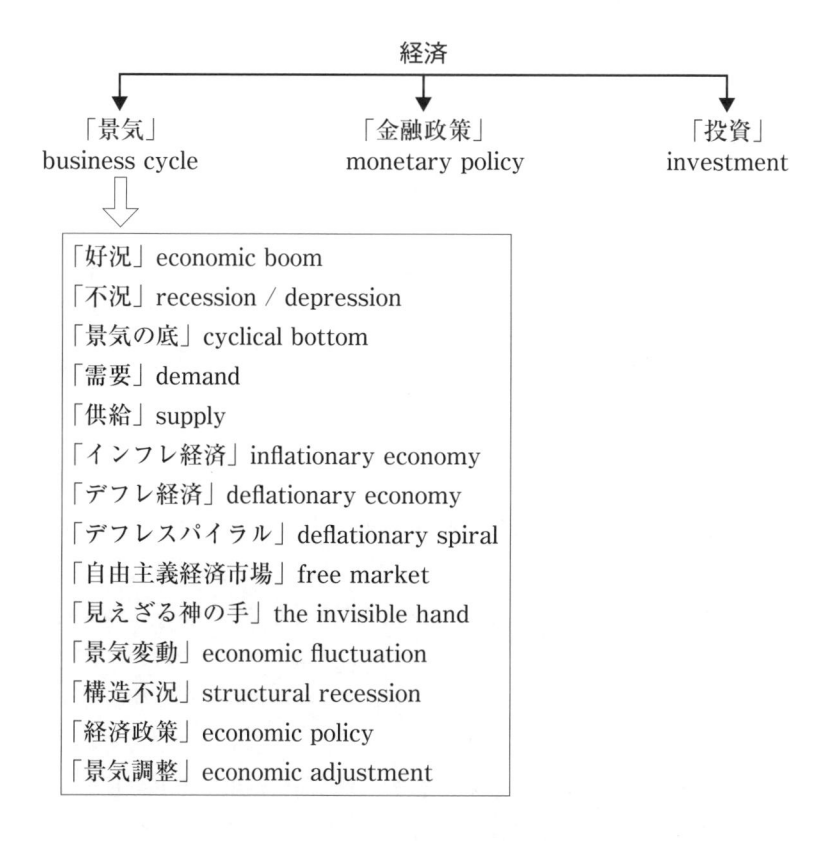

```
                    経済
         ┌───────────┼───────────┐
         ↓           ↓           ↓
       「景気」     「金融政策」    「投資」
     business cycle monetary policy investment
         ↓
```

「好況」economic boom
「不況」recession / depression
「景気の底」cyclical bottom
「需要」demand
「供給」supply
「インフレ経済」inflationary economy
「デフレ経済」deflationary economy
「デフレスパイラル」deflationary spiral
「自由主義経済市場」free market
「見えざる神の手」the invisible hand
「景気変動」economic fluctuation
「構造不況」structural recession
「経済政策」economic policy
「景気調整」economic adjustment

混成言語でストーリーを作る利点は，学習したい単語の文脈が日本語で示されているということです。文脈から孤立した表現はいくら話題別

になっていてもリストでしかありません。ストーリーは有意味な流れの中に単語を配置することができるため，記憶効果が期待できるだけでなく，その話題について英語で表現する際にも，利用しやすいリソースになりうるという利点があります。

さて，拡張語力として名詞を学習するには，場面あるいは話題別に名詞を分類することが第一の作業となります。そして，分類したリストをリストのままにするのではなく，名詞リストを使って自分のストーリーを作成するというのが次の作業です。さらに，ストーリーに基づいて自分の見解を英語で表現すれば，よりいっそうの定着が期待できるでしょう。「自分事として英語を学ぶ」ということの実践のひとつが，話題別語彙リストを使って自分のストーリーを作るということなのです。

おわりに

語彙力は基本語力と拡張語力から成り立ちます。基本語力は基本語を使い分け，使い切る力と定義することができ，基本語力の中でも基本動詞と前置詞は重要です。本書では，基本語力を育てるには語のコアに注目することであるという提案をしました。

拡張語力は，いろいろな話題や場面について語る豊かな語彙を持っていることを意味します。拡張語力を育てるポイントは語彙ネットワークです。語彙ネットワークは体系的で有意味な形で語彙の整理をすれば，手にすることができます。しかし，それを手にして見るだけではだめです。それを自分のものにする，つまり，拡張語力にしていくには，語彙ネットワークを使えるようにする必要があります。そのためのひとつの方法が語彙ネットワークを利用してストーリーを作るという作業です。

さらにいうと，本物のテキストに当たることが不可欠です。実際に，テキストを読んでいくと語彙ネットワークの語句が出てくるでしょう。その語句にテキストの中で注意を向けることで，語彙ネットワークの内在化が進むでしょう。語彙ネットワークを媒介してテキストを読む，そして，テキストを媒介にして語彙ネットワークをアップデートしてい

く，ということです。

──◆第3章のポイント◆──
・語彙力を育てるには，基本語力（基本語を「使い分け，使い切る力」）を基盤にして拡張語力（豊かな語彙を使ってさまざまな話題について語ることができる力）を伸ばすことである
・基本語は，本質的な意味＝コアでとらえよう
・拡張語力を伸ばすためには，語彙をネットワークでつなげよう
・語彙ネットワークには概念ネットワークと話題ネットワークがある
・話題ネットワークを使って自分のストーリーを作ろう

◆第4章◆
文法力を育てる

はじめに

　語彙知識と語彙力の関係は，そのまま文法知識と文法力の関係にも横滑りさせることができます。つまり，文法について知っていることと，文法力があるということは別物であるということです。日常の言語活動は自由表現と慣用表現によって構成されますが，その都度作り出される自由表現は創造的だといえます。そして，文法力が「自由表現」の要です。Noam Chomsky (1957) が述べたように，ここでいう文法力とは「有限個のルールによって無限個の文を創り出す力」です。つまり，状況に応じて自在に表現を作る力が文法力ということです。

　だとすると，文法力なくして英語力なし，ということになります。このことは「文法のない言語は存在しない」という事実からも了解出来ると思います。どんな言語であれ，それを母語として話すということは，同時にその文法力を獲得しているということを意味します。しかし，母語の場合，文法力は，知らず知らずのうちに自然に習得されるため，当該言語を話す人たちにとっては身体感覚のように自明化されています。それでも，文法力（＝文法直観）を備えているからこそ，言語が表現の共通メディアとして機能するのです。

　文法力があるからこそ，ある表現を聞いて，それが自然かどうかを判断することができるのです。例えば，道をたずねる状況で，「慶應大学はどうやって行けばいいのですか」は自然な日本語ですが，「慶應大学がどうやって行けばいいのですか」と留学生がいえば，不自然な響きが感じられます。日本語を母語とする人であれば，この場合「が」は使わないということを直観的に知っていますが，どうして「が」ではだめなのかについて説明を求めても，言語の専門家でない限り，なかなかうま

い説明をすることはできません。しかし,説明ができないということは,文法力を備えていないということを意味しません。言語を使うには文法力が必要であるということになんら変わりはありません。

ただし,英語が日常的に使用されていない環境では,英文法の力が無意識のうちに獲得されるということはまずありません。「英文法」を自覚的に学ぶことを通して,学習者自身が「英文法力」を構築していかなければならないのです。

私たちは,英文法に関する学習参考書や問題集を学ぶのが文法の学習だと考えがちです。しかし,従来の英文法の学習については,いくつかの問題が指摘されています。中でも,「英文法がよく分からないから,英語が分からない」と,「英文法を学んでも,英語が使えるようにはならない」の2つが大きな問題です。英語が苦手という人の多くは,文法が分からないとよく漏らします。これが最初の問題です。そして,英文法と英語を使うことは別問題と考えている人がいます。つまり,文法は入試のために学ぶものであって,それは英語を使うのには役立たないということです。これが二番目の問題です。

本章では,従来の英文法を「学習英文法」と呼び,ここで提案する英文法を「表現英文法」(田中,2014)と呼ぶことにします。まず,以下では(1)文部科学省の指導要領では現在どういう文法観を示しているかを概観し,次に(2)表現英文法の構図を描き,そして最後に(3)文法力に繋げる学習方法として「ネットワーク英文法」の視点を紹介していきます。

文法とコミュニケーション

私たちの文法観は,学校の英語教育を通して形成されます。そこで,「英文法って何ですか」という問いをすれば,たいていの人は「関係代名詞」「不定詞」「時制」などの用語を挙げます。そして,「文法は会話には役立たないが,受験には必要なもの」「文法問題集が解けるかどう

かが大切である」という見方をする人も少なくありません。この英文法に関する理解や見方は，学校で英語を学ぶ過程で形成されたもので，それが英語を学ぶ際に大きな影響力を持つことになります。

しかし，英語力の柱のひとつである文法力を身につけるには，これまでの文法観を変えていく必要があります。どのように変えるかについて，文部科学省が出している学習指導要領が参考になる，というのが筆者の考えです。これまでの英語教育の現場では，文法中心かコミュニケーション中心かと考えがちでしたが，学習指導要領では，第一に，「文法かコミュニケーションか」ではなく，「文法はコミュニケーションの基盤である」という見方が示されると同時に，「文法は言語活動に関連づけるもの」でなければならないと指摘しています。第二に，文法の指導に際しては，「用語や用法の区別などの指導が中心にならないように配慮し，実際に活用できるように指導すること」が強調されると同時に「語順や修飾関係などにおける日本語との違いに留意して指導すること」が明記され，ここでも「使える」ということが強調されると同時に，言語的な気づきを高める（awareness-raising）ための工夫の必要性が示されています（Sharwood-Smith, 1993）。そして，第三に，「英語の特質を理解させるために，関連のある文法事項はまとまりをもって整理するなど，効果的な指導ができるように工夫すること」が指摘されているように，文法項目を関連づけることの重要性が示唆されています。つまり，文法は体系であり，項目が相互に関連し合った時——すなわち，ネットワークを形成した時——，本来の文法の姿が見えてくるということが示唆されているのです。

筆者は，ここで示された文法観は健全であり，文法知識を文法力に変換するやり方を考える上で，重要な指針を示していると考えています。しかし，英文法の再編成を試みるにあたり，最大の問題は，そもそも「文法」というコトバは何を指しているのか，にあります。

第4章　文法力を育てる

英文法再編成のための考え方

　英語の文法力を身につけるには，「学ぶ対象である文法がどういうものであるか」をおさえておく必要があります。しかし，「英文法」に定本はありません。文法を専門に研究する言語学でも，立場が変われば，文法の捉え方も大きく異なります。すなわち，「これが英文法だ」という正解はどこにもありません。そこで，英語力を育てるには，よりよい「学習英文法」のあり方を模索し，従来の英文法を再編成していくことが必要なのです。

　では，どのようにして英文法の再編成を行えばよいのでしょうか。まず，それは学習者の視点を重視したものである必要があります。その際の妥当性の基準は以下の2つです。

　　学習可能性（learnability）：学習者にとって学習可能なものであること。
　　使用可能性（usability）：表現活動において使用可能であること。

　つまり，学習者にとって「わかる（学習可能）」ということと，「実際に使える（使用可能）」ということの2つです。従来の学習英文法は，確かに teachable（指導可能）でした。英文法を教えることができることはプロとしての英語教師の資質のひとつであり，例えば「不定詞」を指導する際に，指導の内容，指導の流れといったものが（個人的な創意工夫はあるにせよ）英語教師の間で共有されてきたように思います。

　しかし，学習可能性ということになると，疑問が出てきます。上でも述べたように，「英語はむずかしい」と感じ，英語に対して苦手意識を持つのは，文法がわからないということが大きな要因となっているからです。つまり，学習者からすれば，英文法が学習可能かといえば，それは疑問であるということになるでしょう。

　もうひとつの基準，使用可能性はどうでしょうか。「文法をやっても話せるようにならない」という意見がよく聞かれます。実際には，学習

英文法が役に立つということも少なくないはずです。しかし,「文法をやっても話せるようにならない」という見方は比較的広く浸透しているように思います。これは,従来の学習英文法が使用可能性の条件を十分に満たしていないということを物語っています。

そこで,学ぶ者にとって目指すべき英文法は,「分かる」ということと,「使える」ということの条件を満たすような英文法ということになります。筆者も,使える文法のためには,「分かる文法」でなければならない,と考えています。「分かる」ということは,学習の根幹を成す感覚です。「分かる」は「分ける」ということと関連があり,差異化,差別化が行えるということです。混沌の中からある形を見いだす,これが分かるのイメージです。「分かる」にはさまざまな次元がありますが,「なるほど,そうか,わかった」という感覚は,学びの動機づけと結びついてくるはずです。「分かる」からおもしろい,おもしろいからさらに学ぶ,という連鎖が「持続的動機づけ」を生み出すのです。

「分かる」ということは,「有意味学習 (meaningful learning)」の条件でもあります。「既存の知識」との関連で「分かる」という感覚は得られるのであり,教育学者の David Ausubel (1968) がいうように「他との関連性 (relatability)」がその鍵となります。「なるほど,そうか」から「そういえば,あれも」と連鎖していくこと,これが関連性ということです。

「使える」につながる「分かる」

さて,英語力は,文法を意識しないで自然に英語を使うことができる力です。しかし,はじめから無意識の内に文法直観が身体感覚として身につくことは,英語が日常的に使われる環境でなければ考えにくいことです。自然に英語を学ぶ環境であれば,英語環境で英語にふれ,英語を使うという体験から文法力が自然に身につくかもしれません。しかし,そうでない環境では,「自分の英文法」をひとつの体系として意識的に構築していく必要があります。その際に重要なのが,納得しながら英文

法を構築するということと，使うことを自覚しながら英文法を構築するということの2つです。つまり，「分かる」と「使える」を実感しながら自分の英文法を自分で構築するということです。しかし，「『使える』を実感しながら」とはどういうことでしょうか。

「使える」という条件を満たすためには，基本語力を定義する際に用いた「使い分ける」と「使い切る」が鍵となります。「現在・完了形と過去形の違いは何か」「a と the の違いは何か」「不定詞と動名詞の違いは何か」などはすべて使い分けるために必要な問いです。一方，関係代名詞について知っていてもそれを有効に使えない，過去完了形の使い方がわからない，といった問題は「使い切り」に関するものです。

以下では「現在進行形」を事例として，「使い切り」と「使い分け」の問題について見ておきます。

現在進行形の力

「現在進行形」の使い方として，自分が現在何かしているか，あるいは眼前で何か動作が連続的に行われていれば，現在進行形を使って，The girl is dancing in the rain. のように表現します。「これは（今まさに）～している」という意味合いの現在進行形で，ほとんどの学習者が共有している典型的知識です。しかし，The bus is stopping. といえばどうでしょうか。これは「バスが止まりかけている」という意味です。これは，「すでに，ある動作が始まっており，それが終息に向かっている」というのがこの現在進行形の用法です。The balloon is falling on the ground.（気球が地面に落ちようとしている）や The population of wild tigers is dying out.（トラの野生種は絶滅しつつある）も同様です。

さらに，We are leaving for Hakata tomorrow. と言えば「明日，博多に出発することになっている」ということで，「これから何かを始めようとしている」という未来に向けた進行形です。

してみると，「今，まさに～している」「（すでに動作がはじまって）～しかかっている」「（これから）～しようとしている」の3つの状況で現

在進行形を使うことができる，これが現在進行形を使い切るということです。以下の図のように，進行形は過去と現在と未来が連続体として表現されるが故に，こうした3つの用法が可能となるのです。

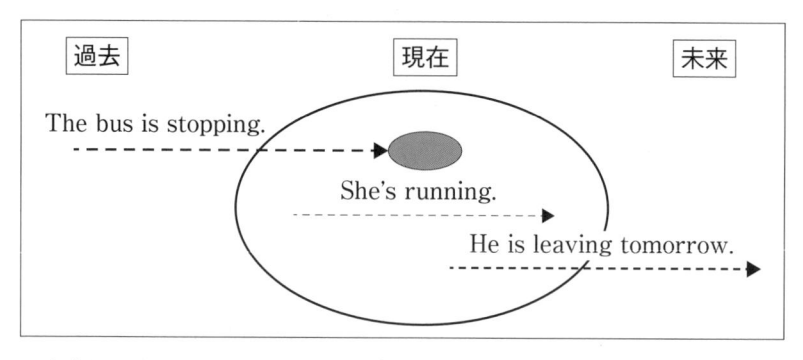

```
┌─────────────────────────────────────────────────┐
│   過去              現在              未来        │
│                                                 │
│   The bus is stopping.                          │
│   - - - - - - - - - →●                          │
│              She's running.                     │
│              - - - - - - - →                    │
│                      He is leaving tomorrow.    │
│                      - - - - - - - - - - - →    │
└─────────────────────────────────────────────────┘
```

さらに，He's living in Kyoto. と He lives in Kyoto. を比較することは，現在進行形と現在単純形の使い分けに注目することになります。現在進行形においては「今は京都に住んでいる」ということで「一時性」が含意され，現在（単純）形では「現住所は京都だ」といった意味合いになります。また，resemble は通常，現在進行形では使いません。そこで「花子は母親に似ている」は Hanako resembles her mother. であって，Hanako is resembling her mother. とはいいません。しかし，Hanako is resembling her mother gradually. になると自然な表現になります。日本語では「花子はだんだん母親に似てきている」となり，「状態変化」が含意されるため進行形が可能となるのです。

このように，現在進行形と現在単純形の違いは使い分けの問題です。一方，「現在進行中」といっても，上で述べたように3つの側面に注目して現在進行形を使うことができるかどうか，また，一時性や状態変化の意味を読み取り，さまざまな状況を現在進行形で使うことができるかどうか，これらは使い切りの問題です。

表現英文法の特徴

学習英文法を再編成する際に大切なのは，「分かる」と「使える」の

条件を満たすことだと上で述べました。より具体的に，そういう条件を満たすような文法を再構築するには，「表現者の視点を取り入れる」と「英文法の全体像を示すこと」の2つがポイントであると筆者は考えています。

表現者の視点

　ある言語事実に注目して，それを分析して言語の構造や原理を明らかにするという研究スタイルが学習英文法の研究では主流であったといえます。例えば，「関係代名詞」であれば，その使われ方を資料として分析し，どういった傾向（言語事実）が引き出せるかといった問題に注目するということです。最近では膨大な言語使用テキストをデジタル化したBNC (The British National Corpus)やCOCA (The Corpus of Contemporary American English) といった言語コーパスを利用して，頻度や比較や連語性などさまざまな観点から言語使用実態を研究することが可能となっています。コーパスを使った研究によって，英文法の記述的な研究はその信頼性が飛躍的に高まっています。

　しかし，英文法の記述は，学習英文法としての役割を考慮した場合，文法それ自体を対象化して，分析し，記述していけばよいというものではありません。文法を学ぶ目的は文法力（自由表現のための文法）の獲得にあります。だとすれば，言語事象の記述・説明は表現者の視点から行うべきです。つまり，表現者の視点（見る視点と語る視点）が重要なのです。

　これまでの「学習英文法」では，例えば，関係代名詞，分詞構文，不定詞などについて扱うものの，それぞれが言語事象として語られ，そこに「表現者」が入ってくることは，ほとんどなかったように思います。表現者の視点を取り入れると，文法は，発話者がある状況を「コトバへと事態構成」し，また，解釈者が「コトバから事態構成」する際の「整序装置」のようなものだといえます（ここでは，音声の流れあるいは文字列を「コトバ」と呼びます）。

例えば「太郎が次郎に花子を紹介した」というコトバと「太郎に次郎を花子が紹介した」というコトバでは，「太郎」「次郎」「花子」「紹介する」という語句は共通しているものの，それぞれから構成される事態はまったく異なります。日本語の助詞の文法が事態構成を違った形で整序しているからです。あらゆる表現には世界に向き合う表現者がいます。表現者は，世界について語ることで——つまり，コトバにすることで——事態を構成し，聞き手は，コトバからの事態構成をすることでその内容を理解します。そして，あらゆるコトバには文法の血が流れています。以下では，表現者と文法と事態構成の関係を日本語の俳句の英訳を事例にみていきます。

● 翻訳における事態構成と文法
　ここでは，松尾芭蕉の「古池や，蛙飛び込む，水の音」という俳句の翻訳を例にとってみましょう。実際，この俳句の英訳は数多く存在します。代表的なものとして，Lafcadio Hearn と Donald Keene のものを取り上げます。翻訳者は，芭蕉の俳句（コトバ）を自ら解釈し事態を構成し，それを英語で表現することを通して英語版（翻訳）を作成します。Hearn と Keene の翻訳の違いを以下にまとめましょう。

古池や
　　Hearn 訳：Old pond
　　Keene 訳：The ancient pond
蛙飛び込む
　　Hearn 訳：Frogs jumped in
　　Keene 訳：A frog leaps in
水の音
　　Hearn 訳：Sound of water
　　Keene 訳：The sound of water

第4章　文法力を育てる

　ここでの注目点は，訳者がどういう文法を使うことでどういう事態を構成しているかにあります。まず，「古池や」の部分の翻訳には old pond と the ancient pond の違いがあります。ここでは冠詞の選択と形容詞の選択の違いが明らかです。「蛙飛び込む」の部分は frogs と a frog の「数・冠詞」の選択の違い，jumped in と leaps in の時制と動詞選択に関する違いの2つに注目する必要があります。そして「水の音」でも sound of water と the sound of water の違いが見られます。

　筆者自身の解釈を踏まえて Hearn 訳をみると，次のようになります。まず，Hearn は，無冠詞で old pond を選ぶことにより，古池の個別性を捨象し，名もなき文化的象徴としての池，あるいは静かな永遠なる時のようなものを表しています。そして，そこに Frogs jumped in「複数の蛙が飛び込んだ」と過去時制を使うことで，個別具体的な事実を表現します。静かなる時間を越えた空間（池）に，蛙が次々に飛び込んだという個別的な事件が過去形で表現されています。繁殖期にある蛙の生の躍動のようなものが表現されているといえるでしょう。そして，sound of water と無冠詞で表現することで，現実の音も静かに永遠なる時に戻っていくといった様子を読み取ることができるでしょう。

　Keene 訳の the ancient pond は「悠久の時を経た特定の池」という意味合いになり，old pond と比べると，池の個別性が完全に消去されているわけではありません。A frog leaps in は「一匹の蛙がひょいっと飛び込む」という静止画的な描写が行われています。また，the sound of water は，蛙が飛び込む結果の水の音がここでも特定化されています。

　ここで注目したいのは，文法（冠詞や時制）が事態構成の仕方を整序しているという事実です。Hearn も Keene も文法を駆使して，英語で事態を構成しており，筆者（私）も，その文法を手がかりにすることで，英訳からの事態構成を行っているのです。

　このように，表現者（解釈者も含む）の視点を取り入れると，文法は事態構成の仕方を整序する働きがあるということになります。つまり，

事態構成のありようを常に意識した文法が表現英文法ということです。文法が事態のありようを決める大きな要因になっているのです。

英文法の全体像：モノ・コト・状況

次に、文法の全体像の問題です。個別の言語事実を詳らかにしても、学習英文法の全体像が見えなければ、文法項目は孤立したままに留まります。学習英文法から表現英文法に再構成するには、表現者が世界（外的世界と内的世界）について語るというスタンスを重視しつつ、ここでいう「世界」を語る道具立てとしての文法のありようを示す必要があります。これは、表現英文法の全体像を描くということにほかなりません。

世界は、モノ（things）、コト（events）、状況（circumstances）によって構成されると考えることができます。まず、世界はモノ（具象的、抽象的なモノ）の集合であるという捉え方ができます。しかし、現実には、モノ同士が関係しあい、ある状態、ある出来事が起こります。これは「コト」としての世界です。コト的世界は、状態も含まれますが、基本的には動的です。そして、コトは、状況の中で起こります。ここでいう「状況」は5W1HでいえばHOW, WHY, WHEN, WHEREに関する情報を含みます。

文法的には、モノの世界は「名詞の文法」によって表現され、コトの世界は「動詞の文法」によって表現されます。そして、状況を表現するのは「副詞の文法」です。名詞の文法が名詞の世界を表現するという場合、それは「名詞チャンク」を作るということです。なお、ここでいう「チャンク」は「意味のまとまり」という意味合いで使います。例えば「ブランコ」というモノについて英語で表現するには、a swing（ブランコ）だけでなく、an old swing（古いブランコ）、an old swing in the park（公園にある古いブランコ）、an old swing in the park which was repaired last week（先週修理された公園の古いブランコ）などの表現が考えられるでしょう。これらはすべてitで置き換えることができるように名詞チャンクです。

第4章　文法力を育てる

　同様に，コトの世界を表現するには「動詞」の役割が不可欠であり，表現のための道具立てとして動詞の文法があります。そして，状況は文法的には副詞の文法によって表現され，副詞の文法は副詞チャンクの形成にかかわります。全体像を示すと以下のようになります。

〈表現英文法の全体像〉

```
   モノの世界           コトの世界
   名詞の文法           動詞の文法
        \             /
         チャンキング：
          配列・構文
              |
            状況
          副詞の文法
```

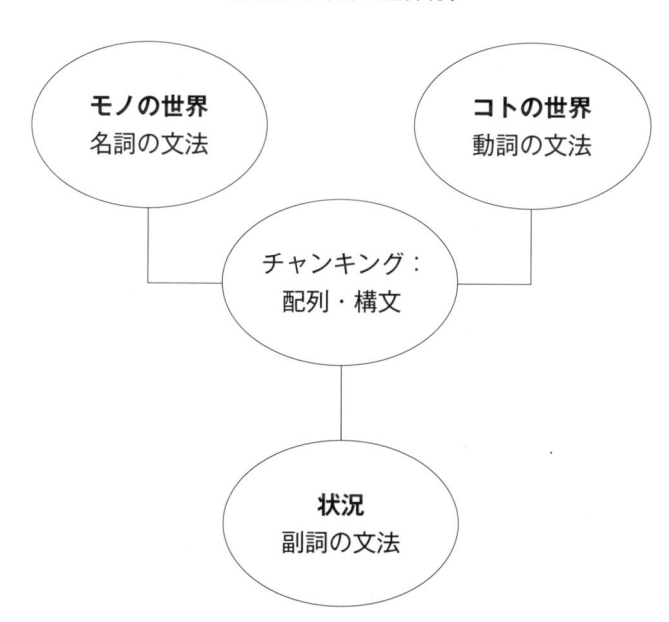

　すると，表現英文法は，基本的に，名詞の文法，動詞の文法，副詞の文法の3つから構成されるということになります。しかし，これで表現英文法の全体像が完成するわけではありません。この3つに加え，「チャンキング」を考慮する必要があります。言語には線条性（linearity）という特性があります。時間軸に沿って表現を展開するということです。その場合，以下の図のように選択軸と結合軸が想定されます。

```
                                    結合軸
    -----→ -----→ -----→ -----→ -----→ -----→ -----→
    
    選択軸
```

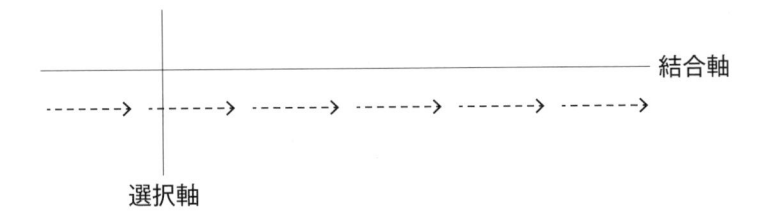

　縦の選択軸は見ることのできない話者の頭の中でのチャンクの選択で，横の結合軸は音あるいは文字の連鎖として知覚可能なチャンクの連鎖で，チャンキングと呼ぶことができます。例えば，ある状況を目撃した2人に見た状況を文で説明してもらった場合，以下のようになったとします。

- サングラスをした男が / ポルシェを運転する女に / 話しかけている //
- ある女性が / 隣に男性を乗せて / ポルシェを / 運転している //

　「サングラスをした男が」か「ある女性が」のいずれを主語に立てるかは選択の問題です。「サングラスをした男が」に「ポルシェを運転する女に」が続いていますが，これは結合軸でのチャンキングです。文法は情報の配列を取り扱う必要があり，構文は配列の仕方が慣用化したものと考えることができます。前図の中央にチャンキング（配列と構文）を位置させているのは，文法の全体像を完成させるためです。

　さて，前の図が英文法の全体像の枠組みです。この枠組みの中に文法事項を配分していくこと，それが学習英文法の再編成ということです。以下，ここで示した全体像の中にどの文法項目がどう配置されるかを示しておきます。

　　名詞の文法

　　　名詞形：例. an apple, apple, apples, the apple, the apples

前置修飾：限定詞＋数量詞（序数・整数）＋形容詞の順序＋名詞
後置修飾：前置詞句，形容詞句，to 不定詞句，関係詞節など
代名詞・指示詞・数量代名詞：it, they, that, some, a few など
名詞化：動詞の名詞化（動名詞），節の名詞化（that 節, wh 節）

動詞の文法

テンス（時制）・アスペクト（相）・ヴォイス（態）：現在進行形，現在完了進行形，受動態など
態度表明型の助動詞：can, may, will, would, should など
動詞の共演情報（V＋α）：動詞＋名詞，動詞＋名詞＋形容詞，動詞＋名詞＋前置詞，動詞＋名詞＋名詞，動詞＋名詞＋do，動詞＋名詞＋doing，動詞＋that 節（wh 節）など

副詞の文法

強弱濃淡のアクセント：very, somewhat, so など
情報表示機能：場所，時間，理由，目的，付帯状況など
副詞の位置：文頭，文中，文尾

チャンキング：配列と構文

情報の配列：語順
接続と論理：and, if, when, while など
主語の種類：生物主語，無生物主語，形式主語など
文のタイプ：平叙文，疑問文，命令文，簡単文，省略文など
文法構文：比較構文，否定構文，仮定法構文，強調構文など
話法：直接話法，間接話法

　筆者は，ここで示したような構図にしたがって『表現英文法　増補改訂版』（コスモピア，2015）を作成しました。その結果，従来の学習英文法の項目をほぼ網羅的に再配置することができたと実感しています。

さて，上では表現英文法の全体像（新しい文法の再編成の枠組み）を示したわけですが，全体像がイメージできると文法項目の位置づけがわかり，学習の目標が見えてきます。「位置づけ」と「学習の目標」が見えるということ，これが英文法を学習する上で大切な点です。例えば「関係代名詞」が学習項目だとした場合，全体像の中で名詞の文法のひとつ（後置修飾のひとつ）として位置づけて学ぶことができるということです。名詞の文法の後置修飾のレパートリーのひとつに関係代名詞があるということです。学習の目標についていえば，名詞の文法，動詞の文法，副詞の文法のそれぞれについて，同心円状にその機能性を発達的に高めていくという姿を描くことができます。例えば，動詞の文法には，テンス・アスペクト・ヴォイスの調整，話し手の態度の表明，動詞の共演者の配列の３つがメインとして含まれますが，これらを含んだ小さな動詞の文法から，より大きな文法へと展開すること，これが同心円状あるいはスパイラル（らせん状）に文法力を身につけるということです。

文法力の身につけ方

　では，どのようにして，名詞の文法なり動詞の文法を学んでいけばよいのでしょうか。上記の通り，文科省の指導要領では，「英語の特質を理解させるために，関連のある文法事項はまとまりをもって整理するなど，効果的な指導ができるように工夫すること」とあります。「関連ある文法事項はまとまりをもって整理する」ということを本書では，「英文法ネットワークを作成する」といいます。表現英文法の文法力を高めるためには，ネットワーキングの視点が重要であるということです。以下で解説します。

ネットワーキングの視点

　英文法の全体像は，モノ的世界を扱う「名詞の文法」，コト的世界を扱う「動詞の文法」，状況的世界を扱う「副詞の文法」，そして言語情報

の配列を扱う「情報配列と構文」の4つのドメインを想定するものですが，それぞれのドメインを構成する道具立て（要素）を種々のネットワークとして整理していく必要があります。その際に，背景にある考え方は，バラバラの知識ではなく，意味的・機能的にまとまりをもったネットワークを意識的に構成することが文法力を育てるには必要である，というものです。以下で，いくつか具体例をみてみましょう。

名詞の文法のネットワーク

英語の名詞の文法には「後置修飾」が含まれます。名詞の後ろからその名詞の情報を加えるということです。何を後置修飾として含めるかについては議論がありますが，筆者は，以下を後置修飾の要素と見なします。

[後置修飾ネットワーク]

名詞の後ろから情報を加える

名詞＋
- 形容詞句：a man strong enough to lift the stone［名詞＋具体的属性］
- 前置詞句：the carp in the pond［名詞＋位置関係］
- 副詞（句）：the meeting tomorrow［名詞＋時・場所］
- 現在分詞：the girl dancing in the rain［名詞＋テイル状態］
- 過去分詞：the temple built in the 14th century［名詞＋サレタ状態］
- to 不定詞：the game to be held this week［名詞＋これからする状態］
- 同格：Barack Obama, president of the U.S.［名詞，すなわち，名詞］
- 関係代名詞節：a girl who is wearing a red hat［名詞＋節情報］
- 関係副詞節：a place where I want to visit this summer［場所・時間＋節情報］

名詞の後ろから情報を加えるということにおいては共通していますが，ここでリストした表現方法は，私たちにとっての選択可能なレパートリーと考えることができます。

　以上のようなネットワーク情報から，「雨の中で踊っている少女を見てごらん」という内容を表現するには，Take a look at the girl dancing in the rain. を選ぶでしょう。もちろん，Take a look at the girl who is dancing in the rain. のように，関係代名詞節で表現することも可能だし，Take a look at the girl in the rain. She is dancing. のように，前置詞句で the girl を後置修飾しておいて，改めて文情報を足すという方法もあるでしょう。また，ばくぜんと「そこにいる女の子を見て」だと Take a look at the girl there. となるでしょう。この there は副詞で the girl の居場所を示しています。同格を後置修飾とみなすかどうかは議論が分かれますが，ある名詞に情報を足して，その名詞が何であるかを説明することにおいては，他の後置修飾と共通のはたらきがあります。すなわち，同格は，非制限的な修飾の形と考えることができます。非制限的な修飾のはたらきは，同格だけでなく，関係代名詞節，関係副詞節にもみられます。

[非制限的な後置修飾]
　同格："mochitsuki," a rice-pounding party
　関係代名詞節：Dr. Chomsky, who is internationally known as a renowned linguist
　関係副詞節：Tahiti, where the artist spend most of his time

　いずれにせよ，「後置修飾のネットワーク」を構築するという自覚を持って英文法を学ぶことが大切だということです。それによって，豊かに情報を含む名詞チャンクを作り出すことができるようになるからです。

動詞の文法のネットワーク

動詞の文法のネットワークだと助動詞のネットワーク，テンス・アスペクト・ヴォイスのネットワーク，動詞の構文的可能性のネットワークの3つが主要なものです。未来表現のネットワークも考えられ，will do, be going to do, be doing, will be doing, will have done だけでなく be planning to do, be scheduled to do, want to do, intend to do などをその候補に含むことができます。

副詞の文法のネットワーク

副詞の文法はネットワークと相性がよく，ここでは3つの事例を取り上げてみます。副詞には，形容詞の強弱濃淡を調整する働きと副詞情報（時間，場所，様態など）を表示するはたらきがあります。

●強弱調整の表現ネットワーク

第一に取り上げたいのは，以下に示す強弱濃淡の調整をする際の表現です。

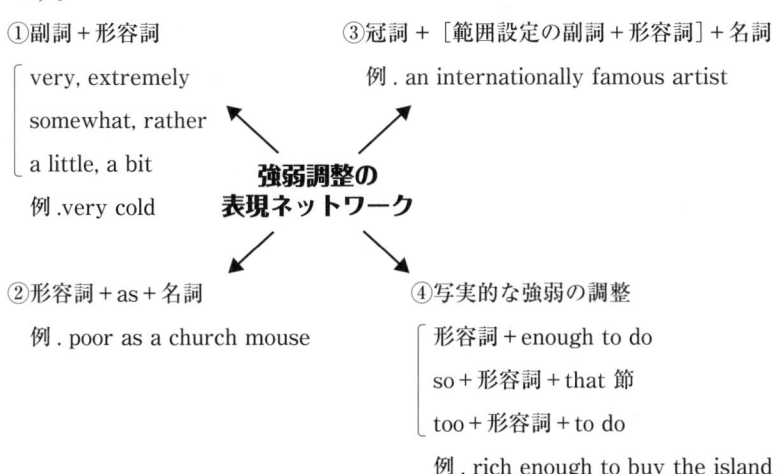

①副詞＋形容詞
  very, extremely
  somewhat, rather
  a little, a bit
  例．very cold

③冠詞＋［範囲設定の副詞＋形容詞］＋名詞
  例．an internationally famous artist

強弱調整の表現ネットワーク

②形容詞＋as＋名詞
  例．poor as a church mouse

④写実的な強弱の調整
  形容詞＋enough to do
  so＋形容詞＋that 節
  too＋形容詞＋to do
  例．rich enough to buy the island

形容詞に強弱濃淡のアクセントをつける際の基本となるのは，①の

「副詞＋形容詞」ですが，形容詞の強度を調整するだけでなく，④のように写実的に強弱濃淡のアクセントをつける方法が英語にはあります。例えば，too ... to はいわゆる「熟語」として扱われますが，写実的に形容詞のありようを調整する構文として捉えることで，表現英文法の中でのそのはたらきと位置付けを示すことができます。また，a famous singer という際に範囲を設定して，an internationally famous singer のように表現することもできます。何か重要な発見があって，「言語学的に重要な発見だ」という際にもこの形式を使って，a linguistically important finding と表現することができます。

　繰り返しいうと，ネットワークとして文法を整理するということは，ある表現を行う際のレパートリーを自覚的に広げていくということです。その中から，ある表現を「選択」することができること，これが文法の力です。

● 前口上を述べる表現ネットワーク

　第二に，前口上を述べる際の副詞表現ネットワークをみてみます。何かを言う際にいきなり本論に入るというより，自分の気持ちや態度を示すことがよくあります。「子供は大人より外国語を学ぶのがうまい」という内容があるとすると，「一般論としては」「言うまでもなく」などといった副詞を使うことで前口上を述べてから本題に入ります。英語でも事情は同じです。

- Generally speaking, children are better than adults in learning a foreign language.
- Needless to say, children are better than adults in learning a foreign language.

　言いたいことは同じですが，generally speaking（一般論としては）と needless to say（言うまでもなく）のいずれを選ぶかで，相手の応

答も変わってくるはずです。すなわち，generally speaking を冒頭に置くことで，これから言う内容はあくまでも「一般論」であるという意図を相手に伝え，相手の反論をしにくくしています。

前口上を述べるというのは副詞の文法の重要な役割です。タイプで分けると，次の4種類に分かれ，これを以下のようにネットワーク情報として整理しておけば表現力を高めることができるでしょう。

① **対話に向かう態度を示す**
honestly speaking　正直言うと／ frankly　率直に言えば／ to tell the truth　本当のことを言えば／ metaphorically speaking　比喩的な言い方をすれば／ all jokes aside　冗談はさておき／など

② **話題の幅・表現の正確さを示す**
generally speaking　一般的な言い方をすれば／ in general　一般的に／ strictly speaking　厳密にいうと／ loosely speaking　大まかな言い方をすれば／ linguistically　言語学的にいえば／など

③ **内容に対しての感情的反応を示す**
to my surprise　驚いたことに／ to my disappointment　残念なことに／ unfortunately　残念なことに／ sadly　悲しいことに／ gladly　うれしいことに／ fortunately　幸運なことに／など

④ **確信の度合いを示す**
certainly　確かに／ obviously　明らかに／ apparently　どうみても／ clearly　はっきりしているのは／ needless to say　言うまでもなく／ no doubt　疑いなく／ of course　もちろん／ probably　おそらく／など

「対話に向かう態度を示す」表現は，honestly のように形容詞に -ly

を付ける副詞が多く使われますが，to be honest with you（君には正直にいうと）のような表現も多用されます。また，frankly は frankly speaking ともいいます。これから話すことに際しての発話態度を示すということで共通しています。

　「話題の幅」を設定することで，これから話す内容の適用範囲をあらかじめ述べてから，内容に入るという場合があります。That's an interesting finding.（それは興味深い知見だ）だと範囲が設定されません。なお，finding は「研究などの結果得られた知見」を表すのに使います。ところが，Linguistically, that's an interesting finding.（言語学的には，それは興味深い知見だ）といえば，「言語学という分野において」と範囲を示すことになります。

　これから述べる内容に対して感情的な反応を示した上でその内容を述べるということもよくみられます。「驚いたことに，彼は仕事を辞めて，アフリカに行っちゃったよ」だと以下のようになります。

・Surprisingly, he quit his job and left for Africa.
・To my surprise, he quit his job and left for Africa.

この to one's surprise は以下のような応用もあります。

・To her pleasant surprise, Bob aired out the bedding before going to his office.　彼女には嬉しい驚きなんだけど，ボブは会社に行く前に布団を干してくれた。
・Much to my surprise, she married Jim, not Bob, and one year later, she got divorced and remarried Bob.　すごく驚いたんだけど，彼女はボブじゃなくて，ジムと結婚したの。でも一年後には，離婚して，ボブと再婚したのよ。

このように，to one's surprise に変化をつけると表現が豊かになりま

す。

　何かを述べる際に,「確かさ」の度合いをはっきりさせることがよくあります。「明らかに,岡田氏は人事判断でミスを犯した」だとObviously, Mr. Okada made a mistake in his personnel decision. とobviously や clearly を持ってくるでしょう。「これから述べることは明白なことだ」という思いを表すのが,obviously です。

　もうひとつ例をみましょう。副詞の文法には情報の表示機能があり,その中に「様態を表す」という働きがあります。あることがどのように行われるかを表すのが様態です。つまり,「様態(manners)」は「物のあり方や行為のありよう」を表す表現で,英語では広義には how (どのように)にあたります。

●様態の表現ネットワーク

　「様態」を表すというのは,副詞の文法の典型だといえます。語で様態を表す表現の大半は,-ly を使った beautifully とか elegantly のような副詞です。一方,句の場合には,「in a ＋形容詞＋ way / manner / fashion」の形で,in a beautiful way [manner, fashion] のように様態を表現します。beautifully は「美しく」ということですが,in a beautiful manner あるいは in a beautiful fashion で表現すると,「美しいやり方で(方法で)」と様態の意味合いを強調することができます。このように,様態はいくつかのしかたで表現することができますが,様態表現のネットワークという観点から整理すると次のように5通りの方法があります。

① beautifully (美しく), elegantly (優雅に), gradually (次第に), rapidly (急速に), slowly (ゆっくりと), strictly (厳しく)
② in a[an] [efficient / elegant / gradual / slow / strict] way [manner, fashion]
　(効果的な／優雅な／緩やかな／ゆっくりとした／厳しい)方法で

③ in a way that [reminds me of my teacher / attracts my attention]
（先生を思い出させる）方法で／（私の興味をひく）やり方で
④ in such a way as to [help students learn vocabulary]
（学生たちがボキャブラリを学ぶのを手助け）するような方法で
⑤ (in) the way [I like / we used to do]
（私の好きな）やり方で／（私たちが以前やっていた）方法で

こうした5つの選択肢を持つことで，様態に関して豊かな表現をすることができるようになるでしょう。これが使える英文法ということです。以下で示す2つの文は，いずれも作家 Scott Fitzgerald の小説 The Great Gatsby からの引用ですが，下線部を引いた様態を表現する仕方に注目してみてください。

・"I'm going to fix everything just the way it was before," he said, nodding determinedly. 「以前とちょうど同じようにすべてを整えるつもりだ」と彼はしっかりとうなずきながらいった。
・The officer looked at Daisy while she was speaking, in a way that every young girl wants to be looked at sometime. その将校はデイジーが話している間，彼女を見つめた。それは，若い女性であれば誰でもいつかは見つめられたいような見つめ方であった。

フィツジェラルドが創りだした表現は，上で示した様態表現ネットワークの①，③，それに⑤を使っています。determinedly は，自分の発言に対して「揺ぎない確信」の表れが示されています。また，the way it was before は「どのようにか」という様態に関して，「以前にそうであったように」という意味合いを表現しています。そして，「若い女性であれば誰でもいつかは見つめられたいような（見つめ方）」は写実的に「見つめ方」の様態を表現しています。ここでは -ly 副詞では

表現することができません。そこに，in a way that 節の表現力が表れているのです。

構文のネットワーク

　語句の配列と構文についても，特に構文については慣用化されたものが多く，ネットワークという考え方に高い親和性があります。例えば，仮定法構文を例にしてみましょう。仮定法は，直説法が「条件」を示すのに対して，「仮想の状況」の設定を行います。例えば，If he proposes to her, she will marry him. では if he proposes to her は直説法の表現で，「もし彼がプロポーズすれば」という条件を立てて，「彼女は結婚するでしょう」と帰結します。一方，If he proposed to her, she would marry him. といえば If he proposed to her が仮定法の表現であり，「もし（今）彼がプロポーズしたとしたら（その可能性はほとんどないが）」という意味合いの仮想の状況を設定し，そういう状況があったとすれば，「彼女は結婚するのに」と帰結しています。表現英文法の観点からすれば，話し手が「今・ここ」で仮想の状況を設定するのか，過去を回想して仮想の状況を設定するのかが大切です。そして，未来を展望した仮想の状況設定ということもありえます。仮定法構文のネットワークを作成するには，現在を基準にして過去を回想する，あるいは未来を展望するという枠組みが必要です。

　現在を基準にすれば，現在の事実とは違う想定があります。If I were a bird, I'd fly to you right away.（もし僕が鳥だったら，君のところにすぐに飛んでいくのに）では，人間が鳥であるはずがありません。これは事実とは違う想定です。If I won the lottery, I'd buy you anything you want.（宝くじが当たったらほしいものは何でも買ってあげるよ）という場合はどうでしょうか。この表現は仮定法過去形と呼ばれ，現在に照準を当てた仮定法とみなされます。すると現在のことに対する仮想の状況設定には「事実と異なること」の想定と「可能性が低いこと」の想定の2つがあります。

現在のこと：現状を前提
仮定法過去形
・現在と異なることを想定
・現在起こる可能性が低いことを想定

仮想の状況設定

過去のこと：既存を前提　　　　　未来のこと：到来を前提
　仮定法過去完了形　　　　　　　　仮定法過去形
・過去の事実と異なることを想定　　（典型的には should, were to）
　　　　　　　　　　　　　　・将来起こる可能性が低いことを想定

　過去のことは「すでに起こったこと」であって，仮想の状況を設定する際には，「過去の事実と異なること」を想定して表現します。仮定法であることを示す言語的なしるしが仮定法過去完了（if 主語 + had + 過去分詞）です。If you had not called me then といえば「（実際は電話してくれたが）もし電話してくれなかったら」というのがその例です。帰結文は I would have been late for that meeting（あの会議に遅れたところだった）と過去の状況を想定した場合と，I would be late for this meeting（この会議に遅れるところだった）の両方が可能です。
　一方，未来のことはまだ起こっておらず，「起こるとしても可能性が低い」という想定があるときに仮定法を使います。現在と過去の間には分断線がありますが，現在と未来は地続きの関係で連続しています。そこで，未来の仮定法は，形式的には，現在のことを仮定法で述べるのと同じ仮定法過去を使います。代表的な表現には should と were to があり，If the sun were to rise in the west といえば「（ありえないことだが）もし太陽が西から昇ったとしても」といいます。この were to は be to の過去形で，主語の数に関係なく使うことから仮定法過去形とみなされます。しかし，未来を語る仮定法は were to と should に限定さ

れることはなく，If we didn't have the staff meeting tomorrow, I would be able to leave the office early and go for a beer.（もし明日定例会議がなかったなら，早めに会社を出てビールでも飲みにいけるのに）という表現は，tomorrow があるため未来を語る仮定法の例だといえます。

　いずれにせよ，文法知識を表現のネットワークにしておくと，それは何かを表現するというタスクを行う際に，自在に利用することが可能な言語リソースになるのです。つまり，使える文法ということです。どんな文にも文法が関係しています。文法の血の流れていない文はありません。だとすれば，表現するための文法（表現英文法）という視点をもつことが「文法はコミュニケーションを支えるものである」という指導要領などにみられる考え方を実現するためには不可欠です。そして，表現英文法を文法力として身につけるには，上記で示したような文法ネットワークが有効だろうと考えています。

おわりに

　学習英文法を表現英文法に変えていくにはどうすればよいか。これが本章でのテーマでした。表現者の視点を持ち，英文法の全体像を示すことが表現英文法にする鍵だと考えます。言い換えれば，英文法の全体像を描く際の鍵は，表現者が言語を使って世界について語るという捉え方で文法を考えることです。すると，世界は，モノの世界，モノとモノが関係するコトの世界，そして，コトを取り巻く状況の世界があるという具合に特徴づけることができます。そこから，モノの世界を語る文法とは何かを考えていくと，表現と一体化した文法の構図を描くことができるはずです。そして，そういう構図に沿った文法の再編成を行った上で，ネットワークとしての文法項目という発想を持つことが，使える文法にしていく上では必須だと考えます。名詞の文法であれば，前置修飾の表現ネットワークや後置修飾の表現ネットワーク，動詞の文法であれ

ばテンス・アスペクトのネットワーク、動詞構文のネットワーク、副詞の文法であれば、強弱濃淡の調整するための表現ネットワーク、様態表現ネットワーク、語句の配列・構文であれば、仮定法構文のネットワークなどを作成し、それを実際に使うことです。

繰り返し述べているように、文法力を自覚的に磨くということが文法学習です。そうすることで、タスクを英語でこなすための言語リソースになるのだといえます。

◆第4章のポイント◆

- 文法力を育てるのに必要なのは、表現するための文法、「表現英文法」である
- 表現英文法は、表現者と世界と言語の関係を重視するものである
- 世界はモノ的世界（名詞の文法）、コト的世界（動詞の文法）、状況（副詞の文法）、それにチャンキング（配列と構文）に分かれる
- 文法力を身につけるためには文法表現ネットワークを積極的に作ろう

◆第5章◆
慣用表現力を育てる

はじめに

　どんな言語にも非常にたくさんの慣用表現というものがあります。認知言語学の枠内で，Taylor（2004）は，言語の慣用性を重視し，この慣用化された言語の扱いが不十分なところが「言語＝語彙＋文法」観のアキレス腱であるといった主旨のことを述べています。慣用表現とは，慣用的に使われる定型表現のことであり，その言語を話す人が共通に使う表現のことをいいます。例えば「さようなら」や「すみません」は日本語において典型的な慣用表現です。慣用表現は，理屈を考えずに，当たり前に使っているもので，何かを言う際に，なんら負荷がかからない表現だといえます。例えば，日本語で「すみません」を使う際に，「なぜ『すみません』というのか」を考えたりしません。語源的には「心が澄んだ状態でいられない」に関係があるという説があるようですが，私たちは，「すみません」という決まり文句を「謝罪」の場面だけでなく，「感謝」の気持ちを表す時や，さらには「相手の注意を喚起するとき」などにごく自然に使っています。「すみません」はひとつの表現に過ぎませんが，それが日本語を使う場面で果たす役割の大きさははかりしれません。
　デンマーク出身の言語学者イエスペルセン（Otto Jespersen［1860-1943］）は，言語には慣習と創造の2つの側面があり，慣習は "How do you do?" のような "formula" と，そして創造は "I gave the boy a lump of sugar."（「give ＋ 名詞 ＋ 名詞」の1事例）のような "free expression" と結びつくと述べています（Jespersen, 1933）。これは言語のありようをうまく言い当てた表現だといえます。筆者は，ここでfree expression を「自由表現」，formula を「慣用表現」と呼びます。

107

自由表現は，必要に応じてその都度文法に従って作りだされる表現のことをいい，一方，慣用表現は，多くの人々が繰り返し使うことで表現が定型化したものをいいます。

　第二言語習得（発達）の研究において，慣用表現——"formulaic sequences"（Wray, 2000）と呼ばれることが多い——の研究が進められています。例えば，Lewis（1993）は，英語の母語話者と第二言語の学習者の発話表現を比較し，第二言語学習者の発話は，文法的に何ら問題がなくても，意図が伝わりにくい（理解に時間がかかる）ものが多いということを指摘しています。Conklin and Schmitt（2008）は，第二言語の上級者と母語話者を対象に，慣用表現を使った文章とそうでない文章のどちらが理解しやすいかを研究し，学習者にとっても母語話者にとっても同様に，慣用表現には「認知処理上の利点（processing advantage）」が認められることを示しています。

　慣用表現の習得が第二言語習得の鍵である点は，研究者間で共有されているとみなすことができます。しかし，Ellis（2012）は，慣用表現は，第二言語習得の促進要因であるにもかかわらず，学習者は母語話者のような慣用性（formulaicity）をなかなか獲得できないと述べ，第二言語における慣用表現の習得のむずかしさを指摘しています。"How are you?" とか "Give me a break." のような高頻度のものは覚えやすいのは確かです。しかし，頻度が比較的低いものになると，途端にその学習はむずかしくなるし，まして，慣用表現を自在に使って円滑なやりとりをするとなると大いに難が残るというのが Ellis の論点です。

　第二言語教育の分野では，今や「コミュニカティブ・アプローチ」が主流になっています。このアプローチでは，文法シラバスというより，機能シラバス（Why don't you... などの慣用表現を重視したシラバス）を重視するところにその特徴があります。しかし，そういった指導法が実践されているにもかかわらず，学習者は慣用表現をうまく使いこなせてないということを第二言語習得研究は明らかにしています。つまり，慣用表現は重要であり，実際の指導でもその重要性が強調されているに

もかかわらず，その習得はむずかしいということです。では，どうすれば慣用表現力を育てることができるか。これが本章での主題です。

慣用表現は「定型文 (formula)」だとか「決まり文句 (stock expression)」あるいは「熟語 (idiom)」などと呼ばれ，その重要性はわかっていても，慣用表現の世界にどう接近していいかわからないという学習者が多いし，これは英語教師にとっても同じだといえます。実際，大学生に聞いてみると，その多くは，「熟語はそれが何であれ，覚えるしかない」と考えているようです。そして，共通している学習方法は，熟語帳を丸暗記するか，熟語が出てきたその都度，それを覚えていくというやり方で慣用表現を学んでいくかの2つです。その結果，多くの学習者は，折角覚えたものの，それをうまく使いこなせないと感じているのが実情です。研修会などを通して多くの英語教師と意見を交換する機会がありますが，慣用表現の取り扱いについては，教師も学習者と全く同じ考え方を共有しており，「慣用表現の体系的な指導法」や「慣用表現力を鍛える」という発想はないというのが現状だといえます。

筆者は，上述したように，慣用表現力は，語彙力と文法力とともに言語リソースの3つの柱を構成すると考えています。そこで，語彙論と文法論と同様に，慣用表現論を展開することが絶対に必要なのです。上記の第二言語習得研究においても，formulaだとかformulaic sequenceという言葉は使われ，その使用実態が研究の対象になっていますが，「慣用表現力とは何であるか」についての理論的考察があるわけではありません。そこで，まず「慣用表現力とは何か」を操作的に定義する必要があるというのが筆者の考えであり，本章ではその構図を描いていきます。以下，(1) 慣用表現の種類 (types of formulas)，(2) ストックとしての慣用表現 (the stock view of formulas)，そして (3) フローとしての慣用表現 (the flow view of formulas; formulaic sequences) の3つに注視した議論の展開を行います。なお，ストックとしての慣用表現は，何をどう学べばよいかという問題に，そして，フローとしての慣用表現は，慣用表現力とは何かという問題に関係するものです。

慣用表現の種類

　まず，慣用表現の種類についてみていきましょう。慣用表現といっても，その守備範囲は大きく，茫漠としています。英熟語帳を出版している編集担当者に聞いても，熟語についてはその選定に何ら明確な根拠を持っていないようです。熟語帳の内容をみると，今のものも30年前のものも大きくは変わりません。なんとなく同じような熟語表現が再生産されてきているのです。

　しかし，慣用表現を分類する枠組みがなければ，学習者は，方向性を持たないまま，慣用表現をランダムに覚えていくことになります。そこで，どういう分類基準が可能かということですが，実に多様な分類が提案されています（Aijmer 1996）。筆者は，慣用表現の世界を整理する観点として，以下が有効であると考えています。

①**機能表現（機能慣用チャンク）**：Why don't you ...? 〜したらどうですか／ Could you ...? 〜していただけますか／ Don't forget to ... 〜するのを忘れないように／ You are supposed to ... 君は〜することになっているはずだ／ I agree to a certain point, but ... あるところまでは賛成ですが，〜／など

②**丸ごと表現（丸ごと慣用チャンク）**：Give me a break. いい加減にしろよ／ Here we go. さあ，やるぞー／ Forward march. 前へ進め／ Way to go. いいぞー／ You must be kidding. ご冗談でしょう／ I did it. やったー／など

③**文法構文表現（構文慣用チャンク）**：had it not been for ... もしあのとき〜がなかったなら／ nothing is more A than B　BほどAなものはない／ it goes without saying that ... 〜なのは言うまでもない／ in such a way as to ... 〜するような方法で／など

④**二語（三語）句動詞**：take up　取り上げる／ give off　臭いなどを発する／ add up to ... 〜に加える／ put up with ... 〜にへこたれない／など

⑤**副詞表現（副詞慣用チャンク）**：in the end　最終的には／as a result　結果としては／in other words　言い換えれば／after all　結局／at first sight　一目で／by and large　概して／to be more specific　もっと具体的にいうと／among other things　とりわけ／など

⑥**動詞表現（動詞慣用チャンク）**：get into trouble　困ったことになる／make the best of ...　～を最大限に利用する／beat around the bush　回りくどい表現をする／call a spade a spade　歯に衣着せぬ言い方をする／speak ill of ...　～の悪口をいう／など

⑦**形容詞表現（形容詞慣用チャンク）**：clean as a whistle　きれいでピカピカ／poor as a church mouse　とても貧しくて／silent as a clam　二枚貝のように口を閉ざして／quiet as a mouse　とても物静かで／など（＊a great deal of や a slice of など数量に関する熟語もここに分類することができる。）

⑧**前置詞表現（前置詞慣用チャンク）**：with respect to ...　～に関しては／in spite of ...　～にもかかわらず／in terms of ...　～については／in light of ...　～に鑑みて／in the presence of ...　～がいるところで／など

⑨**諺・箴言**：Too many cooks spoil the broth.　船頭多くして船山にのぼる／An early bird catches a worm.　早起きは三文の徳／You're barking up the wrong tree.　お門違いだ／など

　機能表現（functional expression）は「依頼する」「提案する」「紹介する」「念押しをする」など目的に対応する慣用表現のことをいい，これはコミュニカティブ・アプローチの旗印のひとつになっています。言語行為論（Austin, 1962）を踏まえ，広く教材にも取り入れられています。「…していただけないでしょうか」だとか「何といっていいか…」といった表現は，それぞれ「依頼する」「ためらいながらあることに返答する」という目的のために使うことのできる，機能表現とみなすことができます。

しかし，慣用表現は機能表現だけではありません。ここでいう「丸ごと表現」は，文字通り，日常的に耳にする丸ごとで使われる決まり文句のことをいいます。日本語の「さようなら」や「すみません」は典型的な丸ごと表現です。英語にも，以下のような非常に多くの丸ごと慣用表現が存在し，それらが日常言語活動を支えています。

　Oh, I get it.　ああ，そうか，わかった／I found it.　あった／Take a guess.　当ててごらん／Keep cool.　あわてないで／You'll be sorry.　後で後悔するぜ／Give me a break.　いい加減にしろ／It must have hurt.　痛かったでしょう／Heads or tails?　表か，裏か／I won't forget this！　覚えてろよ！／Finished.　終わった／Hang in there.　頑張れ／Here we go.　さあ，行くぞ／Give it a try.　やってごらん／Pinky swear.　指きりげんまん

　丸ごと慣用表現を意味機能的に整理していけば，会話力のための強力な言語リソースになるでしょう。
　次に，「構文慣用チャンク」というのは，文法書で慣用表現として扱われてきたものを指します（表現英文法の全体像の中でチャンキングに構文を含んでいますが，ここでの構文慣用チャンクと重複するところがあります）。if it had not been for ... や had it not been for ... は仮定法過去完了の決まり文句として取り扱われています。この構文チャンクも丸ごと慣用チャンク同様に，目的を明確にすれば，さらに有用な意味分類が可能となります。例えば，as soon as, no sooner A than B, hardly A when B, on doing などは時間関係の中で「〜した直後に…」という意味関係を示す慣用表現（文法構文表現）としてまとめることができます。以下に示すように，それぞれの表現の特徴を示すことで，時間関係（直後）を表現する際の言語リソースにすることができるでしょう。

|時間関係（〜の直後）を表す表現|

as soon as（〜するとすぐに）：as soon as は「〜するのと同じぐらい早く…する」ということから「〜するとすぐに」の意味になる。as soon as に近い表現としては soon after がある。

　例．As soon as I receive an e-mail from school, I'll forward it to you.　学校からEメールを受けたら，すぐにあなたに転送します。

no sooner A than B（AするとすぐにBする）：sooner A than B を no で打ち消す形になっており，順序からいえば A は B より先に起こるが，この構文では「A は B より早いとはいえない」と表現することで「A したと思ったら，すぐに B」という意味合いになる。no sooner は文頭で倒置の形で使うのがふつう。

　例．No sooner did the phone lines open than all the tickets sold out.　電話の受付の開始と同時に，すべてのチケットが売り切れた。

hardly A when B（A した途端に B する）：hardly は「ほとんど〜ない」という否定表現なので，「B した時に，A をしていたとは言い難い」ということから，A と B が同時に発生したことを表す構文。hardly を文頭に倒置した形もよく使う。

　例．Hardly had I gone out of the subway when I was caught in a shower.　地下鉄の駅を出た途端に雨が降り始めた。

on doing（〜すると〔間髪入れず〕すぐに）：on は「接触」を表すことから，2つの動作に途切れがなくつながっている状況を表す。

　例．On seeing the documentary film, I understood how serious the problem was.　ドキュメンタリー映画を見てすぐに問題の深刻さを理解した。

これらは，通常，文法構文として扱われますが，その働きに注目して，分類する（ネットワーク化する）ことで，自分の英語の言語リソースにしていくことが必要です。

以上の3つに加え，句動詞チャンク，副詞慣用チャンク，動詞慣用チャ

ンク，形容詞慣用チャンク，前置詞慣用チャンクがあります。これらは，品詞的な分類で，比較的区別しやすい慣用表現だといえるでしょう。

句動詞は，主に「基本動詞＋空間詞（空間的意味を表す副詞や前置詞）」の形で使われ，英語表現の大きな特徴となっています。句動詞については体系的な学習が必要だろうと考えています。また，数が圧倒的に多いのは副詞慣用チャンクで，その意味分類を行っていくことは労力を要しますが，その価値は十分にあると思います。

さらに，諺や箴言の類の表現も多数存在し，これもひとつの独立した分類項だとみなすことができます。ここでも現代英語のふるいにかけて，日常的に使う傾向の高いものを選び出す作業を行う必要があるでしょう。

いずれにせよ，膨大な数の慣用表現を整理する枠組みは必要です。そして，上（pp.110-111）で示したような9種類から成る分類枠はその一歩として有用だろうと思います。しかし，分類だけでは十分ではありません。

ストックとしての慣用表現

機能慣用チャンクを上記の通り「目的・意図」別に分類しても，そのままではリストに過ぎません。学習上重要なのは，ただリストとして蓄えるのではなく，有意味なネットワークを作るということです。ネットワークも分類ですが，使いやすい形に分類するということです。

単語の学習でも，リストのままでは，「単語と意味の対応関係」を示すにすぎず，有意味な単語学習では，複数の単語の意味のネットワークが必要です。同様に，慣用表現においても同じことがいえます。すなわち，学習者は「慣用表現ネットワーク」を身につけていく必要があるということです。ここでは，「提案」と「驚き」に関する慣用表現ネットワークをその例として取り上げます。

〈事例1〉提案の慣用表現ネットワーク

　何かを提案するということは，年齢を問わず，日々繰り返し行われている行為です。幼児の「ねえ，かくれんぼしよう」も，仕事場での「そのアイディアは再考されたらどうでしょうか」もともに提案です。一方は，「一緒に何かをしようという提案」で，他方は，「相手に何かアクションを促す提案」です。英語でいえば，それぞれ Let's play hide-and-seek. と It might be better to reconsider that idea. といった感じになるでしょう。例えば「付き合いたい女性がいます。彼女をデートに誘いたいんですが，まだ彼女のことをよく知りません。何かいい方法はありますか」と相談する場合はどうでしょうか。「自分がどうしたらいいかについての提案を求める」という状況です。英語だと，例えば，次のようにいうでしょう。"I have a girl I want to date with. I want to ask her out, but I don't know her well. Do you have any ideas about what I should do?"

　このように，提案には，誰かに提案を求めるという場合と，誰かに提案をするという場合があります。そして，相手に提案をする場合には，その提案内容が自分（話し手）を含むかどうかで違いがでます。これを「提案ネットワーク」としてまとめると次のようになります。

A. 提案を求める「どうしたらいい？」
Can you give me some advice about ...?
How do you suggest that ...?

C. 自分も含めて「しようよ」
Why don't we ...?
Perhaps we should ...

提案ネットワーク

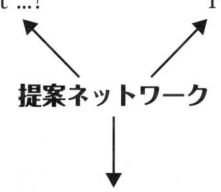

B. 相手に提案する「してみたらどう？」
Why don't you ...?
It might be better to ...

115

[提案を求める]

　私たちは，恋愛，受験，仕事，ランチ，旅行などいろいろなことについて提案を求めます。提案の求め方には，いくつもの定型表現（慣用表現）があり，いろいろな状況や場面で使うことができます。以下は，「相手に提案を求める」際の慣用表現です。表現が使われる状況を日本語で表しています。また，その使い方の具体例を挙げました。

　〈状況〉「自分の立場だったらどうするかを問う」
　　If you were in my situation, what would you ...?
　〈状況〉「～についてアドバイスを求める」
　　Can you give me some advice about ...?
　〈状況〉「～について提案を求める」
　　How do you suggest that ...?
　〈状況〉「～について意見を求める」
　　What would you say if I ...?

　例えば「仕事の面接があるんですけど，どうしたらいいでしょうか？」という状況だと次のように表現すればいいですね。

　・How do you suggest that I make a job interview?
　・I have a job interview next week. Can you give me some advice?

[相手に提案する]

　今度は，何かを提案するという場面を想像してみてください。「どうしよう？」と聞かれて「こうしよう」と提案する場合が会話ではひんぱんに見られます。また，相手にいきなり「～なのはどう？」と提案する状況もよくあります。自分を巻き込んだ提案と，相手に「こうしたらいい」という提案は分けて考える必要があります。
　上の「デートに誘いたいけどどうしたらいい」という求めに対して，

第5章　慣用表現力を育てる

例えば次のようにアドバイスしたとします。

Why don't you test the waters and ask for her phone number? If she likes your approach, she'll give you her number. Don't be afraid of asking for what you want. 脈があるかどうか知るのに電話番号を聞くというのはどうでしょうか。もし彼女があなたのアプローチを気に入れば，番号を教えてくれるでしょう。望んでいることを求めることに対して臆病になってはだめですよ。

ここでは，電話番号を聞くことで脈があるかどうかを調べたら，という提案ですが，Why don't you ...? という慣用表現を使っています。これは提案する際の定番表現です。相手に何かを提案する慣用表現には，以下が含まれます。

Why don't you ...?　～したらどうですか／ If I were you, I'd ...　私があなただったら，～するでしょうね／ It might be better to ...　ひょっとしたら～するのもいいじゃないですか／ Don't you think you should ...?　～するというのはいいと思わないですか／ You might consider ...　～することを考えてみるのもいいかもしれませんね／ How about ...?　～はいかがですか

これらはいずれも相手に何かアクションを促す際の表現ですが，相手に「こうしたら？」と提案する場合は，自分が含まれないので，表現としても相手中心のものとなります。

ある女性に思いを寄せている友人に，Why don't you give her a call and invite her for lunch? と言ったとすると「彼女に電話して，ランチに誘ってみたらどう？」という感じです。話し手が相手の気持ちを忖度して，何かをしないかと提案する場合の慣用表現は Would you like to ...? (～したいんじゃない？) となるでしょう。

117

［提案の流れ］

　いきなり何かを提案することもあるかもしれませんが，通常は，相手の注意を喚起し，そして相手の反応や状況を忖度しながら，ある提案を行い，その実行を促すという流れが想定できます。

1. 注意を喚起する：I'll tell you what. / I've got something to tell you. / Hey, listen.
2. 相手の反応を忖度する：I don't know how you feel but ... / You may feel it absurd, but ... / I'm sure you'll like this idea.
3. 提案に入る：提案内容
4. 実行を促す：Go ahead. / Give it a try. / Try it.

　例えば，Hey, listen.（ねえ，ちょっと）と注意を喚起し，Well, you may feel it absurd,（ちょっと馬鹿げていると思うかもしれないけど）と相手の反応を忖度し，そして，but why don't you ask Naomi to lend you some money?（ナオミにお金を貸してくれと頼んでみたらどうかな）という提案を行います。そして，Just give it a try.（やってごらんよ）とそれを実行するように促します。

　上のランチにある女性を誘うという提案場面で Why don't you give her a call and invite her for lunch? に続いて Go ahead. Ask her. だとか Give it a try. などの一言が相手を行動に向かわせる力になるかもしれませんね。

［一緒に何かをしようと提案］

　冒頭の幼児が友だちを誘う際の「ねえ，かくれんぼしよう」は，一緒に何かをしようという提案です。「こうしよう」という提案を切り出す際の典型的な慣用表現には以下が含まれます。

　　Let's ... 　～しましょう／Why don't we ...? 　～しませんか／Perhaps

we should ...　一緒に〜するというのはどうかな

例えば「江の島にドライブというのはどうですか」と提案する状況を想定してみてください。上のどのチャンクを使っても OK ですが，Perhaps we should ... だと Perhaps we should go for a drive to Enoshima. となりますね。Perhaps があるため押しつけがましく感じられない表現ですね。

［提案を受け入れる場合］
「一緒に〜しない？」という提案を受けて，それに応じる際の慣用表現は以下です。

Sure.　ぜひ／Why not?　わるくないですね／That's a good idea.　それはいい考えですね／Of course.　もちろん／All right.　いいですね

「〜したらどう？」と提案を受けた場合だと，応答の仕方も当然主語は I になり，次のような表現を慣用的に使います。

I'll try.　やってみます／I'll do that.　そうします／I have no objection.　異論なしです／I'll buy that idea.　それっていいね

感謝を表したり，賛同の気持ちを表したりほかにもいろいろ考えられるでしょう。「いい提案をしてくれてありがとう」だと Thank you for your offer. や I appreciate your suggestion. ですね。「その提案に賛成」だと，I'm all for it.（大賛成）だとか I'll buy the idea.（それっていいね）あるいは I'll take it.（そうします）などがピッタリですね。また，楽しい提案には How exciting!（わくわくしちゃうね）とか I'm totally excited.（とても楽しみ）などの感想を足すのもいいですね。

［提案を断る場合の応答］

　提案を断るときはどう表現するでしょう。日本語では「ありがたいんですけど，ちょっと」と語尾を濁す言い方がありますが，英語では No, sorry. だとか，No, but thank you very much. と明確に，No といい，その後に申し訳ない気持ちや感謝の気持ちを表現することで表現を柔らかくします。もちろん，「できればいいんですが」に相当する I wish I could. で断る場合もあります。

［曖昧に応答する］

　英語ではいつも白黒をつけなければならないか，といえば，そうでもありません。曖昧に返答をする際の慣用表現もあります。

　　Yes and no. イエスともノーとも言いがたいですね／More or less. まあ，なんとも／It depends. 場合によりけりです／It's up to you. あなた次第です／Let me see ... そうですね／Let me think about it. 考えさせてください

　それぞれ意味合いは異なりますが，Would you like to go for a walk?（散歩でもしたらどうですか）と提案され，「どうしようかなあ」という場合は Yes and no. あるいは Well, more or less. さらには It (all) depends. などと応えるでしょう。「あなた次第です」という場合には，It's up to you. が一番よく使われます。

　「うーん」という曖昧な感じは Well, let me see ... I don't know. といったところです。即決できない提案の場合には「考えさせて」と日本語でいいますが，英語でも　Let me think about it. そのままです。

〈事例2〉「驚き」の慣用表現ネットワーク

　もうひとつ例をみてみましょう。「驚き」や「感動」を表す際の表現も慣用化されたものがほとんどです。少しみていきましょう。「驚き」

の間投詞といえば，Wow!, What?!, Gee!, Oh, my God!, Oh, dear! などが典型的です。感情をストレートに表現するのがこうした間投詞だといえます。日本人は表情が少ない（emotionless）だとか不可思議だ（enigmatic）と形容されることもあるようですが，その場合，驚きの間投詞を含む，感情表現を実践の場で使うことが有効です。そこで，驚きの表現のストックを持っていることが求められるわけですが，ここでも以下のような感表表現ネットワークを作成すると，表現力に繋がりやすいといえます。

間投詞
Wow! / Oh, dear!
Gee! / What?!

驚きを直接表現
What a surprise! / Incredible!
That's unbelievable.

「驚き」表現
ネットワーク

相手に尋ねる
Are you surprised?
Isn't it amazing?

偶然の出会い
Wow, it's a small world.
What a coincidence!

比喩的に驚きを描写
a bolt from the blue
jump out of one's skin

簡単に説明しましょう。びっくりしたときは日本語でも「わあ！驚いた」といいますが，英語でも驚きを直接表現するものとして，What a surprise! を筆頭に以下のような決まり文句があります。

That's amazing. それは驚きだ／Oh, I'm really surprised. ああ, 本当に驚いちゃった／I'm shocked. びっくりした／This is a nice surprise. うれしい驚きだね／Incredible. まさか／That's unbelievable. それって信じられない／Unbelievable. うそでしょ

う／I can't believe it.　とてもじゃないけど，信じられない

相手を驚かせておいて「驚いた？」と問いかける状況も考えられますが，その場合は，次のような表現が典型的だといえます。

Are you surprised?　驚いた？／Does that surprise you?　それ聞いてびっくりした？／Isn't this a surprise?　ねえ，驚きでしょう／Isn't it amazing?　なんかすごくない？／Can you believe it?　それって信じられる？

また，同じ「驚く」といっても，旧友に予期せぬところで出会ったとき「世の中って狭いね」に当たるのは，Wow! It's a small world. です。What a coincidence! という言い方もあります。coincidence は co-（共に），-incidence（発生）の合成で，「（事件などの）同時発生」「偶然の一致」といった意味になります。よって，What a coincidence! は「何か（行動・言動）が偶然に一致したことが不思議だ」という意味合いです。We met again at an unexpected place. It's not just a coincidence. That must be a fate. だと「ぼくらは予期しない場所で再会した。それはただの偶然じゃない。きっと運命的な何かだ」という意味合いです。さらに，驚いたということを事後的に描写する際，比喩的な響きのする慣用チャンクもいろいろあります。日本語に「晴天の霹靂」という言い方がありますが，これに当たる英語は，a bolt from the blue あるいは out of the blue の２つです。何かが予期しないところで起こり，びっくりするという状況での表現だといえます。そこで，The chairman's resignation came as a bolt from the blue! は「会長の辞任は晴天の霹靂だった」ということだし，The fight started out of the blue. も「その喧嘩は突如起こった」ということです。驚くといっても自分の目を疑ってもう一度よく見るという状況があります。英語では do a double take という言い方をすることがあります。He did a double take when he saw his fiancée in a restaurant with another man. だと「彼は，フィアンセが別の男性とレストランにいるのを目撃して，自分の目を疑った」ということです。「死ぬほど驚く」に近いのが jump out of one's skin で，She nearly jumped out of her skin when a strange man put his head through the window.（見知らぬ男が窓から頭を中に入れているのを見て彼女は死ぬほど驚いた）はその例です。「驚いて言葉を失った」ときは Words fail me! という決まり文句があります。このように，「驚き」を表す際の慣用表現を目的に合わせてネットワーク化しておくと，多様な形で驚きの表現をすることが可能となります。これが慣用表現ネットワークの強みだといえます。

フローとしての慣用表現

　しかし，ストックとしての慣用表現だけでは，慣用表現力を高めるのには十分ではありません。そこで必要なのが「フローとしての慣用表現」という考え方です。つまり，自由に言語表現をする際に，慣用表現がどういう役割を果たすかに注目するということです。ここでいう役割がはっきりしてくれば，それに応じたトレーニングやエクササイズを組み立てることも可能となるはずです。

　Wray (2000) と Wray and Parkins (2000) は慣用表現の機能に着目した包括的な議論をしています。大きくは，言語処理上の利点とコミュニケーション上の利点に分けられます。言語処理の観点からは，慣用表現は，それ自体が共有されたチャンクであることから，構文を組み立てるという負担が軽いということがいえます。そして，対人コミュニケーションにおいても，話し手は聞き手が期待するような言語表現を使うことで，やりとりが円滑に進む可能性があります。

　筆者は，学習者が英語を使って表現するという観点から，慣用表現には，以下の4つの注目すべき働き（役割）があるように思います。

①慣用表現は効率よく，ある思いを表現するのに最適である

（expressive optimization）
　②慣用表現は英語表現の組み立てを容易にする（constructional easiness）
　③慣用表現は表現の流れを自己調整する働きをする（navigational function）
　④慣用表現の連鎖がプレゼンテーションやチェアリング（会議の議事進行）といったスキルになる（formulaic chaining）

　①は慣用表現の利点として一般に指摘されているものです。③はWrayのいうコミュニケーションの円滑化における効果とほぼ同じ内容だといえるでしょう。ここで，筆者は②と④をその効用に加えたいと思います。以下では，それぞれについて簡単に説明していきます。

●意図表出の最適表現
　まず，慣用表現は思いを言語で表現するのに最適です。これを英語で"expressive optimization"と呼ぶことができます。たとえば誰かに何かをしてもらって恐縮した気持ちを表現するのに「どうも，すみません。ありがとうございます」という慣用表現を使えば，無難です。つまり，これが相手が話し手の意図を理解する上で一番効率のよい表現ということです。「どうも」あるいは「どうもすみません」は日常的にそこかしこで耳にする言葉であり，感謝する場面だけでなく謝罪する場面でも使われます。仮に慣用的な言い方を知らず，「そんなことをしていただくと心の負担が大きくなり，とても落ち着いた気持ちではいられなくなります」といえば，意図は通じるかもしれませんが（そして文法的にも正しいものの），自然な感じがしないし，場合によっては相手に失礼な印象を与えるかもしれません。同じことがどの言語でもいえます（Lewis, 1993）。
　ここで一言述べておきたいことがあります。それは，第二言語としての英語学習における慣用表現の研究は，英語の母語話者をモデルにして

いるということです。これはLewis (1993), Willis (1990), Wray (2000)らが共通にもつ前提だといえます。しかし，英語は，今や，世界共通語として使われているという視点を考慮した上で慣用表現の役割を論じる必要があります。英語が共通語として機能する際のコモン・コア（共通の基盤）があるはずですが，それは何であるかという問題が出てきます。世界共通語としての英語には，使用者の文化的色彩が加わり，英語の多様化が進みます。しかし，英語がどのように使われようと，それが英語である限り，その使用において「語彙」と「文法」は共有するであろうという予測が立ちます。例えば，過去の事柄を語る際に「過去形」を使いますが，その過去形は英語の文法規範に従って作られるだろうということです。問題は慣用表現ですが，筆者は，提案や依頼を表す慣用表現や感情を表現するものの多くはコモン・コアに含まれると考えます。Could you please ...? は依頼する際に英語母語話者が用いる典型的な慣用表現です。世界中で英語を学び，英語を使う人も，学習過程でこの表現を学び，実際に使うことを選ぶだろうと考えられます。というのは，Could you please ...? が何かを相手にしてほしいときにその意図を伝える最も直接的な表現だからにほかなりません。たしかに，この表現は英語圏で発達した表現ですが，コミュニケーションの効率性ということから，世界中の人が共有して使うことが予想されるということです。もちろん慣用表現の中でも，例えばa bolt from the blue といった表現になると，英語圏以外の人に使っても伝わらないということが大いに考えられます。それは，a bolt from the blue が文化色の強い表現であり，一般化しにくい表現だからです。

●表現組み立てのための型

次に，慣用表現はいいたいことの「型」を提供するため，英語での表現の組み立てを容易にしてくれるという効果があります。慣用表現自体はそのどれもが文法的な条件を満たした表現ですが，それは定型化されたチャンクであり，文法を考慮しないで，表現を行う際に容易に使うこ

とができます。これを英語で "constructional easiness" と呼ぶことにします。ちょうど，プレハブの家を組み立てるように，プレハブ表現を利用することで英文を組み立てやすくなるということです。

　例をみてみましょう。nothing is more important than ...（〜ほど大切なものはない），you're supposed to ...（君は〜することになっている），Why don't you ...?（〜したらどうですか）などは慣用表現です。ここでいっているのは，これらの表現が，英文を組み立てる際の型を提供するということです。例えば「布団を外に干す（air out the bedding）」ことに関心があるとします。相手に「布団外に干したら？」と提案をするには，Why don't you air out the bedding? というでしょう。この場合，Why don't you ...? は慣用表現（プレハブ表現）で，それに air out the bedding をはめ込んでいます。表現者が行う作業は，Why don't you ...? と air out the bedding の合体だけです。また，「布団を外に干すほど大切なことはない」と言いたいとします。nothing is more important than ... という慣用表現を知っていれば，それに airing out the bedding を加えることで，Nothing is more important than airing out the bedding. という表現が出来上がります。この Why don't you ... や nothing is more important than ... は使い勝手のよい慣用表現であり，これらを駆使することで，文法的かつ自然な表現を作りだすことができるのです。

　もうひとつの例として，あることの確かさを自分のことを前面に出さないで表現したい，という状況があります。その際の慣用表現としては，it を使い，It is certain that ...（〜ということは確かである），It is possible that ...（〜ということはありえることだ），It is probable that ...（〜ということは多分にありそうだ），It seems that ...（〜のように思える）などがあり，これらも慣用表現と見なすことができます。そして，これらを表現組み立ての型として，以下のような内容とあわせて表現することができます。

第 5 章　慣用表現力を育てる

- Robots become our friends in the future.　将来ロボットが私たちの友達になる。

⇩

- It is certain that robots become our friends in the future.
- It is possible that robots become our friends in the future.
- It is probable that robots become our friends in the future.
- It seems that robots become our friends in the future.

あることが確かだと思うが，表現上は，客観的に「～なのは確かだ」といいたいときは，It is certain that ... を使い，It is certain that robots become our friends in the future. というでしょうし，自分を前面に出した表現だと I'm certain that robots will become our friends in the future. というでしょう。I'm certain, I'm positive, I'm not sure なども慣用化された表現と見なすことができます。

●思考の流れのナビゲーター

　慣用表現には，思考の流れを調整するナビゲーターとしての働き (navigational function) があります。これは，会話分析などでは "conversational management" と呼ばれるものです。例えば，何かを言おうとしてその途中に Yeah, that's it. That's what I want to say. だとか Well, let me clarify my point. などを差し挟むことで，表現の流れを自分で調整することができるというものです。

　As far as I'm concerned, I have something to tell you, I'm not saying (I don't like the idea). What I'm trying is to say is ..., let me put it this way, technically speaking なども会話の流れを調整するために使う慣用表現に含まれます。一般論を述べたところで，technically speaking を差し挟めば，「やかましくいえば，厳密にいえば」という意味になり，話の流れを変える作用があります。また，ある男性について記述していて，In other words, he's a real go-getter. (言い換えれば，

127

彼は本物のやり手ということです）のように in other words を使うことで先行する話をまとめ上げることができます。つまり，表現の流れを作るフラッグのようなものとして慣用表現は機能するのだといえます。例えば，以下をみてみましょう。

My position about the issue is not clear. Well, let me put it this way. I basically agree with Mr. Hall's proposal, but I'm not altogether happy about the details. その問題についての私の立場は明確ではありません。というか，つまり，こういうことです。基本的にはホール氏の提案に賛成ですが，その詳細になると全面的に納得しているわけではないということです。

「ある問題についての自分の立場ははっきりしていない」ということを述べる状況です。well, let me put it this way がここでは使われています。この表現を差し挟むことで，次にいうことへの構え（レディネス）ができます。そして，I basically agree with … や but I'm not altogether (happy about) … といった慣用チャンクを使って，言いたいことを表現するという流れを，ここでは読み取ることができます。

●慣用表現連鎖とスキル
　慣用表現の力は，慣用表現の連鎖（formulaic chaining）が言語スキルを形成するという視点を採用したときに，実感できます。このことは慣用表現の議論で欠けている点だといえます。プレゼンテーションや会議の司会や交渉は，訓練によって高めることができる技能（スキル）です。実際，ビジネススクールなどでは，そうした技能の習熟を課程目標に掲げることがあります。訓練可能であるということは，ある程度の行動予測（例．会議の司会者が行うことの予測）が成り立つということです。そして，ここで注目すべきは，一連の流れのその都度その都度使われる言語表現の多くは慣用化されているという点です。以下では会議の

司会を例にして，流れの基本フレームを示し，各々のフレームでどういう慣用表現が使われるか例示しておきます。

[**表現オプション**]
  注意の喚起：Ladies and gentlemen, may I have your attention, please?
  会議を始める：I'd like to start the meeting. / Shall we start now? / We'll start the meeting.
  自己紹介する：Let me introduce myself. I'm … / I'll chair today's meeting.
  会議の目的を述べる：The purpose of today's meeting is to discuss … / We are here today to talk about … / The main topic on the agenda for today is …
  要点をくり返す：As I said earlier … / Let me repeat the main points of our discussion so far.
  話題を変える：Do you mind if I change the subject? / We have to move on to the next topic.
  元の話題に戻る：To return to our main topic … / Going back to our first concern …
  誤解を解く：It seems that there has been perhaps a misunderstanding. / Let us clarify some misunderstanding here.
  要約する：To summarize, we seem to agree that … / To recap the main conclusions of our discussion …
  提案に対して反対がないか確認する：Does anyone object to this proposal? / Are there any objections?
  質問やコメントを求める：Do you have any questions or comments? / Has anyone got anything further he [she] wishes to say?
  会議を閉じる：That's all for today, thank you. / This concludes our business for today. / Our time is almost up.

この一連の基本フレームに沿って慣用表現を使うこと，これが「慣用表現連鎖」ということです。さらにいえば，例えば「話題を変える」というフレームにおいて，Do you mind if I change the subject? と相手を立てる表現を選択する場合と，Time is running out. We have to move on to the next topic. と理由を述べてストレートに話題変更の必要性を述べる表現を選択する場合があり，いずれを選ぶかは状況によって決まったり，司会者が戦略的に決めたりします。
　これまで「依頼する」際には Could you please...? だとか I'd appreciate it if you could... などの機能慣用表現があり，丁寧さの程度などによってそれぞれ異なるという指摘はよく行われてきましたが，慣用表現の連鎖化が言語スキルを構成するという視点は欠けていたように思います。この視点を採用したときに，個別の慣用表現という見方を越えて，慣用表現の連鎖が言語活動の流れの潤滑油になるという見方が生まれます。

おわりに

　さて，「状況に適切な慣用表現を選択し，使用することができること」というのが慣用表現力の一般的な定義ですが，本章での議論を通して，慣用表現力を以下のように改めて定義することができます。

［慣用表現力とは以下の4つを行うことができる力である］
　①的確に意図を表現する決まり文句を選択できる。
　②慣用表現の型を利用して表現を作り出すことができる。
　③思考の流れと言語活動を調整することができる。
　④慣用表現を連鎖化させて，プレゼンテーションや司会などを行うことができる。

　この定義が与えられることによって，学習の目標が明確になるだけでなく，慣用表現力を測定するテストの開発にも方向性が見えてくるはずです。

第5章　慣用表現力を育てる

　「提案」「依頼」「拒否」「感謝」などを表す慣用表現に注目した指導は，今ではごく当たり前の営みになっていますし，学習参考書でもそれらを取り上げたものは珍しくありません。しかし，問題は，単語の意味を学ぶように慣用表現を個別に学んでいっても慣用表現力にならないということです。学習のポイントは，ストックとしての慣用表現とフローとしての慣用表現に注目すること，そして慣用表現をストックする際には個別に表現を覚えるのではなく，「慣用表現ネットワーク」として覚えるということです。

```
┌─◆第5章のポイント◆──────────────┐
│・慣用表現を使いこなせば英語表現は楽になる          │
│・慣用表現をストックしていくためには，表現を上手に分類して，│
│　有意味なネットワークをつくろう                │
│・慣用表現の働き（フロー）を意識して，状況に応じて適切な表現│
│　を選択・使用できるようになろう               │
└──────────────────────────┘
```

◆第6章◆
会話力を育てる

はじめに
　日本人は英語で会話するのが苦手だといわれます。大学生に聞いてみると，恥ずかしさが先行して，話す前に "I can't speak English." と諦めてしまっている人も多くいるようです。会話を試みる前に自分で「英語は話せない」と決めつけているのです。もちろん，話した経験がないから I can't speak English. といってしまうのかもしれません。また，大学生の「調査」にみられるように，英語を話そうとする行動を抑制している心理的要因のようなものがあるのは確かだと思います。しかし，それだけではありません。筆者は，英語を会話で使うことをむずかしくしている言語的要因もあると考えています。まず心理的要因からみていきましょう。

心理的要因
　第1章で，a foreign language は学習する者にとって馴染みのない言語であり，言語学習は，馴染みない言語をいかにして自分のものにしていくかの過程であると述べました。この点につき，言語は自我の発達と不可分の関係にあるということに注目してみましょう（Brown, 2014）。私たちの場合，日本語とともに自我が形成され，その人の語り口の中にその人の人柄が表れるようになります。英語を学習する段階で，英語になかなか馴染めず，英語を使う自分は自分らしくないと感じる人が多くいます。英語の音を出す際にも，何か気恥ずかしさを感じる中高生は少なくないようです。この気恥ずかしさは大人になっても引きずってしまいます。そして，自分が話す英語が他者にどう映るかという他者評価に敏感になってしまいます。

第6章　会話力を育てる

　Earl Stevick（1980）は，外国語の習得の成否を決める要因を探る中で，"What goes on inside and between people."（人々の内面に，そして人々の間に何が起こるか）が鍵だと結論づけています。つまり，恥ずかしさとか不安という心理的要因と連動しているのが教師と生徒，生徒同士といった対人関係である，ということです。英語を使っている自分とこうありたいという自分の乖離が恥ずかしさや不安の原因になるだけでなく，他者が自分をどう評価しているか，あるいは他者が自分をどう評価していると自分が考えているか，といった「他人の目」が外国語習得に影響を与えるというのがStevickの論点です。この見解は，そのまま，英会話に対する日本人の苦手意識にも当てはまると思われます。

　私たちのほとんどは，学校で英語にふれます。中学校以降での英語学習では，英語は「主要教科」のひとつとみなされ，間違いは減点の対象になります。そして，種々の試験で低い点数を取り続ければ，英語が苦手と自分で考え，しまいには英語は嫌いという状況になってしまいます。多くの中高生は，英語は教科書の中に，そして問題集や試験の中にあると無意識のうちに考え，「生きた英語」が体験しづらい状況にあります。学習経験が英語に対する見方や態度を個人の中に生み出します。多くの人の場合，「間違うことはいけないこと」さらには「間違うことは恥ずかしいこと」という意識が強くなり，会話で間違うことを恐れ，会話の一歩を踏み出せないでいます。そして，I can't speak Engish. と結論づけるのです。

　間違いについていえば，即興で行う会話（「生きた英語」）には，間違いはつきものです。間違いのない文は改まった感じがし，会話ではかえって不自然にすらなります。Ong（1982）がいうように，orality（声の文化）と literacy（文字の文化）は言語表現の仕方が違うのです。日常会話では，間違えば言いなおせばよいし，間違いは時間とともに消えていきます。文章は記録として残るため，時間をかけて編集することが可能ですが，会話では，言い間違いは，むしろ当たり前の現象で，必要に応じてその都度その都度編集しながら話を進めていくことができま

す。それが日常会話の実相です。

「間違い」が「恥ずかしさ」を誘発する原因だとすれば，まず，会話において言い間違いは当たり前であること，そして間違いは話した瞬間に消えるということ，そしてむしろ間違いのない文法的に完全な英文は不自然な響きがする，ということをしっかり押さえておくことが必要です。英会話学校などでは，間違うことを気にする生徒に，教師が Don't be afraid of making mistakes. といったことをよく口にします。もちろん，その通りです。しかし，この言い方には「間違いは怖いもの」という前提があり，それを打ち消す形の表現になっております。むしろ，Make more mistakes and make progress. と表現しなおすべきかもしれません。英語を使えるようになるには，英語を使うしかありません。そして，make more mistakes の部分は，まさに，「英語を使う」に対応します。「もっと使って，もっとうまくなろう」ということです。間違うことはいいことだ，という精神です。

言語的要因

この章で筆者が注目したいのは，英語を話すことをむずかしくしている「言語的な壁」です。ここでいう「壁」とは，「頭の中で英文を作ろうとすること」，それに「和文を英訳しようとすること」の2つに起因する壁です。そして，この2つは関連しています。つまり，言いたいことを頭の中で作ろうとする人は，日本語を英訳しようとしていることが多く，そして日本語が英語で何かを表現することをむずかしくする，ということです。

慣用表現を利用しよう

和文英訳的な発想で会話をしようとすると，日本語の表現が英語で表現する際の「足かせ（壁）」になります。例えば「ご親切にそんなことをしていただいて，大変恐縮しております（すみません）」という日本語を英語にしようとすれば，「～していただいて」の部分や「大変恐縮

しております」の部分がネックになる可能性があります。ある研修所で英語標準テストなどでは高得点を取っている受講生が，I'm awfully sorry for your kindly having done that for me. という英文を書きました。「大変恐縮しております」を I'm awfully sorry と英訳し，「ご親切にそんなことをしていただいて」の部分を your kindly having done that for me と表現しています。この表現は文法的には意味上の主語を示した動名詞の完了形を前置詞 for の目的語に含んでおり，かなり高度です。しかし，この英文は不自然です。不自然なだけでなく，誤解を生む可能性があります。日本語では「恐縮している，申し訳ありません，すみません」といった言葉は「謝罪」の気持と同様に「感謝」の気持を表すのに使われます。しかし，英語では，謝罪と感謝は明らかに異なります。研修所の英語を母語とする英語教師は，上の研修生の英語を I don't know what to say, but thank you so much for your kindness. と修正しました。

　和文英訳の弊害をどうやって少なくするかですが，日本文を英語にしようとするのではなく，第5章で述べたように，伝えたい気持ちや意図に注目し，それを英語でいうときの慣用チャンクを活用すればいいのです。I don't know what to say ... は，遠慮がちに何かをいう際の決まり文句だし，thank you so much for ... も感謝の気持ちを表す際の慣用表現です。

　慣用表現の多くは，「意図」との対応関係があります。ここでいう「意図」とは，何かをいうことによって「何をしたいのか」あるいは「何をしてほしいのか」を指す言葉です。言語行為論の祖である John Austin (1962) は "doing something in saying something" という見事な表現を使って言語と行為の繋がりを示しました。言語で何かをいうという背後には，話し手の意図があるということです。約束や謝罪や命名という行為は，言語なくして為しえません。I'm sorry. ということで「謝罪」という行為を行うのです。上の日本語の例でいえば，「そんなことをしていただいて，大変恐縮しております」ということで，「申し訳ない気持

ちと，同時に感謝の意を表したい」という意図を表現しているのです。しかし，上の修正された英語では，申し訳ない気持ちを I don't know what to say ...（感謝の言葉もない）で表し，相手の親切な行為に対する感謝の気持ちをそのまま thank you so much for your kindness と表現しています。繰り返すと，ここで注目すべきは，意図であって，日本語表現そのものではありません。

会話における表現の単位

　和文英訳的な発想の問題はそれだけではありません。たいていは見落とされていますが，実はもっと大きな問題が含まれています。それは，そもそも会話場面で，「文を作り，それを発話する」という表現の仕方には不自然さがある，ということです。和文英訳的な発想では，心の中で，表現したい思いを日本語の文にして，それを英語に翻訳，そして，その英語文を発話する，という流れになります。例えば「彼女は3か月入院した後で仕事に復帰したけれど，仕事に慣れるのにだいぶ時間がかかるだろう」という思いを表現したいとします。この日本文は，完成された「文（sentence）」です。「文を作り，それを発する」という発想の背後には，言語の基本単位は文であって，文を連鎖させること，これが表現というものであるという考え方があります。「談話は『文―連鎖』によって構成される」という考え方です。

　しかし，会話場面では，文は結果であって，表現の単位ではありません。先にも述べたように，会話で文法的な文にこだわれば，堅苦しい表現となり，会話も弾まないでしょう。表現の基本単位はチャンクです。何かを話そうとすれば，必ず息継ぎをします。そして，息継ぎによって区切られる単位がチャンクなのです。

　英語での会話力を高めたいと考えている人は，まず日本語で日常会話がどのように行われるかを観察し，分析してみることです。生きた日本語での会話の実態を知ることです。すると，Roger Schank (1992) が指摘している通り，言いたいことを表現するのに，表現しながらストー

リーを展開していくということが分かるはずです。最初からストーリーがあるのではありません。相手の反応によって，あるいは突然の思いつきによってストーリーの内容は変わっていきます。そして，日常会話の単位は文ではないということにも気づくはずです。

「文」を連鎖させるというより，「断片」を連鎖させながら話をしていきます。この点につき，Wallace Chafe (1982, 1985) も "fragmentation"（断片化，断片連鎖）が日常言語の最大の特徴であると述べています。

断片連鎖が，負担が少なく，自然な表現の仕方だからです。これは，日本語でも英語でも同じです。断片は断片を呼び起こします。その結果，予定調和的ではなく，予測不能な形で会話は進むことになります (Crystal, 2001)。だからこそ，面白いのです。

チャンキング的発想力

ここでは表現単位としての「断片」のことを「チャンク (chunk)」と呼びます。会話で，人はチャンクを連鎖させながら表現していきます。つまり，完全な文を頭の中で作って，それを発話しているのではなく，チャンク（表現の断片）を連鎖というか，つなげることで一連の表現活動を行っているのです。ここではチャンクの連鎖のことを「チャンキング (chunking)」と呼びます。

チャンキングの素材となるのがチャンクです。この chunk と chunking という用語は，George Miller (1956) が人間の情報処理メカニズムの理論化において導入したものですが，筆者は，言語処理（産出と理解）そのものもチャンキングによって行われると考えています。表現活動の中では，チャンクは息継ぎによって画定される言語単位で，それだけを取り出せば表現の断片です。つまり，息継ぎがチャンクの境界になるのです。日常会話は自由なチャンキングで展開されます。このことを理解するのに，以下の日本語の会話例を見てみてください。

A：あのさあ，昨日ね，久しぶりに，友だちと食事をしたの。教育関

連会社で仕事をしている人なんだけど。今は，海外市場の開発とかで，なんか，どこの会社でもそうなんだけど。生き残りをかけて，海外の市場を開くということが重要らしいね。
B：日本だけではね。弱いよね。特にこれからのことを考えると。
A：そうみたい。

この会話の最初のAの部分に注目してみましょう。以下では，チャンキングのプロセスが分かるように，息継ぎを手掛かりに，チャンク分析（チャンクの改行化）をしています。

・あのさあ，
・昨日ね，
・久しぶりに，
・友だちと食事をしたの。
・教育関連会社で仕事をしている人なんだけど。
・今は，海外市場の開発とかで，
・なんか，どこの会社でもそうなんだけど。
・生き残りをかけて，
・海外の市場を開くということが重要らしいね。

「断片」としてのチャンクは，「部分」ではありません。もし部分であれば，全体としての「文」が想定されるはずです。しかし，ここでは文として完結させるというより，頭に浮かんだことをチャンクとして連鎖させることで，言いたいことを表現しています。まさに，「断片連鎖」です。これが，いわゆる「スラッシュ・リーディング」と「チャンキング」が本質的に違うところです。

　チャンクを表現単位として断片連鎖しながら話すということは，英語でも全く同じです。以下は実際の会話例ですが，寒さをしのぐための器具について話している会話場面です。

A：But isn't it amazing here? There're so many heating things ...
B：Devices.
A：yeah, devices ...
B：It's true.
A：... that ... the rugs ... I mean, we have--we bought heating pads for the cats ...
B：Oh, really? They have heating pads for cats?
A：Yes.
B：to keep those little pets warm in the winter?
A：Right. Of course, the cats don't like them, but ...
B：Well, if they're cold, you can just put them in the micro for just a couple of seconds ...
A：Don't talk like that, please--there was that awful story about that.

A：でもここはスゴイよね。たくさんの暖房のためのものがあって……
B：暖房器具ね。
A：そう，暖房器具が。
B：本当ね。
A：で，絨毯，というか，うちにはあるのよ，猫のための暖房パッドを買ったの。
B：え，本当？猫のための暖房パッドなんてあるの？
A：うん。
B：それで冬でも小さなペットたちが暖かくいられるんだね。
A：そう。でも，もちろん，猫たちは，それはあまり好きじゃないんだけど……
B：もし猫が寒がったら，ほんの数秒間，電子レンジにいれてあげたらいいんじゃない。
A：そんな話，やめてよ，お願いだから。実際，それについて恐ろしい話

があるんだから。

　会話としては自然な流れですが，例えば A の that ... the rugs ... I mean, we have --we bought heating pads for the cats. は There're many heating things に続く内容ですが，言い換えがあり，文として完結していません。また，B の They have heating pads for cats? と to keep those little pets warm in the winter は意味的にはつながっていますが，文としては They have heating pads for cats? で一旦チャンクを閉じ，to keep those little pets warm in the winter を情報追加しています。これも断片チャンクの連鎖の例です。

　また，ここでの例から分かることは，会話の断片連鎖は，相手との協働によって進展するということです。つまり，会話は「コラボレーション・ゲーム」です。なお，協働は単なる分業とはちがいます。通常の分業では，すでに設計された全体があります。その全体が部分に分解され，各担当者に割り当てられます。担当者は，所定の業務を忠実に履行します。しかし，協働では，設計された全体もなければ，あらかじめ役割分担をすることもしません。協働では，臨機応変の個性の発揮や思いがけない方向への展開があります。つまり，断片の連鎖は，予定調和的には物事が進展せず，偶然性を伴うのです。しかし，相手とのやりとりが協働編成を伴うから会話が成立するのです。

　例えば上の例では，A が "But isn't it amazing here? There're so many heating things..." と言いかけているところに，B が "Devices." と割り込んでいます。"so many heating things" の things という言い方は正確でないため，devices と助け舟を出しているわけです。A はそれを受けて，devices と反復しています。また，B の "Oh, really? They have heating pads for cats?" という質問に対して，A は "Yes." と答えます。B は "to keep those little pets warm in the winter." と続けますが，おそらく当初の意図とは異なった流れになっています。なんとなく聞きたかったのは，文にすれば Do they have heating pads for cats to keep those little pets warm in the winter? といった内容のものだと思われます。つまり，to keep those little pets warm in the winter が質問文の中に含まれるということです。しかし，途中でAが"Yes."と応答したため，その応答を受けて，to keep those little pets warm in the winter は「猫たちを冬でも暖かくしておくためにね」と，質問の内容に組み込むというより，コメントを追加する形になっています。これは断片連鎖の会話（協働作業）の流れが絶えず方向を変える自由度を持っているということです。

このように，偶発性を伴うのが会話ですが，話し手の立場からすれば，断片連鎖としてのチャンキングは，以下の3つの原理に従って行っているといえるでしょう。

- **情報追加の原理**：必要なだけ情報を追加せよ
- **情報修正の原理**：必要に応じて情報を修正せよ（言い直し，言いよどみ，反復，放棄など）
- **協働の原理**：相手とともに会話の流れを作り出せ（役割交代，確認，割り込みなど）

話すということは，言いたいことが言えるまで情報を追加するという行為です。「必要なだけ情報を追加せよ」という原理です。そして，情報修正の原理についてですが，会話では軌道修正は日常茶飯事に行われます。繰り返すと，完全な文を連鎖させることで会話は展開するのではありません。文字なら間違ったら消すことができますが，言ったことは消すことができません。編集の必要があれば，それは話しながら編集をして辻褄を合わせていくのです。

そして，会話は独白ではなく対話だということをはっきり自覚することが大事です。当たり前のことですが，これは大切なポイントです。英語での会話が苦手という人は，自分で英文を一生懸命作ることに夢中になり，相手が存在しているということ（つまり，会話は協働作業である

ということ）に注意が向かないという傾向がみられるようです。

　英語で日常会話をする際に，この３つの原理を意識することで，表現することがずいぶんと楽になるはずです。日本語でもそうであるように，何かを言えば次の何かが続いて出てくるという断片連鎖の思考に慣れるようにすることです。これがチャンキング的発想を身につけるということにほかなりません。

チャンキング的発想の訓練

　チャンキング的発想は訓練する必要があります。その際に，生(なま)の会話はあまりに生々しすぎて訓練の素材には向きません。筆者は，チャンキング的発想を訓練する最良のテキストは映画だろうと思います。映画の会話は，台本に基づいて行われるため，俳優は台本を読み，練習した上で，撮影時に役を演じます。

　映画の会話を見てみましょう。以下は John Lee Hancock 監督の *The Blind Side*（2009）からの会話場面の抜粋です。３名の女性が高級レストランで食事をしながら，Leigh Ann が世話をしている黒人について話しています。

Leigh Ann: He's a great kid.//
Sherry：Leigh Ann,/ is this some sort of white guilt thing?//
Elaine: What would your Daddy say?//
Leigh Anne : Um .../ before or after he turns around in his grave?// Daddy's been gone five years,/ Elaine.// Make matters worse,/ you were at the funeral,/ remember?// You wore Chanel and that awful black hat.// Look,/ here's the deal,/ I don't need y'all to approve my choices alright,/ but I do ask/ that you respect them.// You have no idea/ what this boy has been through/ and if this becomes some running diatribe,/ I can find overpriced salad/ a lot closer to home.//

第6章　会話力を育てる

　映画の中では，これは自然な会話です。しかし，よくみると文として整っており，上で見た日常会話の例とは，だいぶ構造的に異なります。以下は Leigh Anne の発言をチャンク化したものです。

Leigh Anne：
Um ...　それって，
before or after he turns around in his grave?　父が墓に入る前それとも後のこと？
Daddy's been gone five years, Elaine.　パパは亡くなって5年になるのよ，イレイン。
Make matters worse,　もっといわせてもらうと，
you were at the funeral,　あなた，葬式に来ていたじゃない
remember?　覚えているでしょう？
You wore Chanel and that awful black hat.　シャネルを着て，あのスゴイ黒い帽子を被ってね。
Look,　ねえ，
here's the deal,　こうしましょう
I don't need y'all to approve my choices alright,　あなたたちに私の選択を認めてくれとはいわないわ
but I do ask　だけどどうしてもお願いしたいのは
that you respect them.　私の選択を尊重してほしいの。
You have no idea　理解できないでしょうね
what this boy has been through　この少年がどんな目にあってきたかは
and if this becomes some running diatribe,　で，もし私のことを非難するのなら
I can find overpriced salad　高価すぎるサラダを
a lot closer to home.　家に持ち帰ってもいいわ。

143

このように，映画のスクリプトでは，冗長な繰り返しだとか言い直しがあまり含まれない形で会話が構成されています。つまり，基本的に映画は会話体で構成されていますが，日常会話と比べて断片性が低く，より構造化されており，意味的冗長さも低いということです。その分，チャンキング的発想の訓練のためには，ちょうどいい教材になります。実際の訓練では，息継ぎを手がかりにチャンク分析をします。そして，チャンク化されたテキストを利用して，英語的な発想をシャドーイングやロール・プレーイングを通して学ぶのです。
　上では，チャンク表現の右側にチャンク訳を付けています。これはいわゆる英文和訳ではなく，「チャンク訳」です。そしてチャンク訳は英語の意味の組み立てを理解する上で有用です。日本語を通して英語の表現の発想が理解できるということです。チャンク訳をAが，そしてBがそれを英語に通訳するという訓練も英語の情報の組み立て方を体得するのに有用だろうと思います。
　映画の会話は，完全に生（あるいは本物）(authentic)というわけではありません。しかし，そこには計算された自然さがあり，映画のテキストは professionally authentic（プロにより洗練された本物）であるということです。さらにいえば，映画はさまざまな言語使用の場面を含むという意味において総合的な教材です。会話が中心であるのは間違いありませんが，映画全体の中には演説があったり，詩の朗読があったり，法廷での論争があったりで，生の英語が詰まっているのが映画だといえます。

文章におけるチャンキング

　実は，チャンキング的発想は，自然言語処理のありようを反映しているため，話すだけでなく，聞く時にも，そして読む時にも有用です。以下では，文章英語を読む際のチャンキングの効果について少しふれておきます。
　会話と文章の違いは，チャンキングの過程における試行錯誤の痕跡を

そのまま残すか，編集によって文としての形を整えるかという点にあります（Tannen, 1982）。文章の英語は，文の形を整え，文の連鎖として表現されます。その際に，英語を学ぶわれわれからすると，複雑でわかりにくい文も多数出てきます。チャンキング的発想で複雑な文章英語を読む際のメリットとして，以下を挙げることができます。

①**構造的複雑さの縮減**：文章の中には構文的に複雑なものがあるが，チャンク分析することにより，その複雑さを縮減することができる。
②**意味（情報）の可視化**：チャンク分析することにより，意味の組み立て（意味の流れ）が「見える」ようになる。
③**自然な言語処理プロセスのなぞり**：チャンク単位で英文を読むことは，いわゆる「直読直解」を促すと同時に，英語による意味の編成の仕方が自然と理解できるようになる。

ここでは①と②について例示してみましょう。以下は，オバマ大統領の第一回目の就任演説（2009）から抜粋した英文です。50名の大学生を対象に，抜粋文だけを見せて，英文の解釈をするように求めました。未知語については訳語を与えました。構文の構造や意味が完璧に分かった学生は皆無で，なんとなく意味が分かったと答えたものが約40％でした。残りの学生は，「そもそも構文がどうなっているかよくわからない，英文の意味もよくわからない」と答えました。

テキスト：Obama Inaugural Address（2009）
What is required of us now is a new era of responsibility — a recognition, on the part of every American, that we have duties to ourselves, our nation, and the world, duties that we do not grudgingly accept but rather seize gladly, firm in the knowledge that there is nothing so satisfying to the spirit, so defining of our

character, than giving our all to a difficult task.

次に,以下のようにチャンク分析した英文を見せ,スラッシュ(／)をいれた箇所で息継ぎしながら音読するように求めました。

[チャンク分析]

　What is required of us now／
　is ｜a new era of responsibility｜――／
　｜a recognition｜,／
　　on the part of every American,／
　that we have ｜duties｜ to ourselves, our nation, and the world,／
　　｜duties｜ that we do not grudgingly accept but rather seize gladly,／
　firm in ｜the knowledge｜／
　　[that there is nothing so satisfying to the spirit,／
　so defining of our character,／
　than giving our all to a difficult task.] ／／

訳：今,われわれに求められるのは,責任を伴う新しい時代なのであり,自らに対して,国家に対して,そして世界に対して義務を負っているということを,アメリカ人一人ひとりが認識することなのです。それは,いやいやながら受け入れるというものではなく,困難な課題に対してもてる力の全てを出し切ることほど,われわれの精神を満たすものはなく,そしてわれわれの品格（国民性）を決定づけるものはないということをしっかりと知った上で,むしろ自ら進んで受け入れるべき責務なのだということを認識することなのです。

すると,ほとんどの学生が「なんか分かるような気がする」と漏らし,構文の構造だけでなく意味についても「こう思う」と解釈を披露しました。元のテキストは複雑な構文をしているが,チャンク分析をすれば,その印象がだいぶ変わるというのがほとんどの学生の反応でした。

簡単に解説すれば、まず、a new era of responsibility（新しい責任の時代）を言い換えたのが a recognition（認識）で、それは「だれにとってか」といえば on the part of every American（アメリカ人一人ひとりにとっての）といい、認識の内容として that we have duties to ourselves, our nation, and the world（われわれは自らに対して、国家に対して、そして世界に対して責任を負うているということ）が表現されています。そして、duties（責任）を同格的に反復して、duties that we do not grudgingly accept but rather seize gladly（いやいやながら受け入れるのではなく、むしろ喜んで摑む責任）と説明を加えています。さらに、firm in the knowledge that ...（〜といったことをしっかり理解して）と続けており、that 節の内容を示すという構造になっています。

このようにチャンク分析することで、英文が読みやすくなるだけでなく、情報の構造もとらえやすくなります。息使いを感じながら英文を読んだり聞いたりすることもできるようになるはずです。

いずれにせよ、会話であれ、文章であれ、文を単位に言語処理をするのではなく、チャンクをその単位にするということが自然なやり方だといえます。そして会話力を育てるためには、「頭の中で文を作ってから話す」という発想で臨んではだめで、チャンキングの発想に切り替える必要がある、ということです。

会話管理力を育てる：会話の流れを調整する

上では、会話力を育てるポイントとして、チャンクで話すことを挙げ、その際に「情報追加の原理」と「情報修正の原理」と「協働の原理」の3つが重要であると述べました。ここで情報修正の原理に関連した「会話管理力（conversation management skill）」についてみていきます。

会話は相手との協働作業で進展します。英語がうまい人との会話にな

ると，相手に主導権を握られ，こちらは相手のペースに合わせるのが精一杯ということがよくあるようです。しかし，会話力を高めるためには，会話の流れを自ら調整，管理する力を身につける必要があります。つまり，会話の流れを作り，流れに乗り，そして流れを変えるということです。自分も相手と同様に主体的に会話の流れを作っていくことが大切なのです。

　会話の流れに乗れない原因のひとつは，相手の言っていることが理解できないというものです。相手の言葉が分からなければ，分かったふりをせず，すぐさま（間をあけないで）What did you say? や Say that again. と聞き返す必要があります。Eleana Tarone (1980) は，学習者が会話をうまくハンドリングしていくための方略のことを「コミュニケーション・ストラテジー(communication strategy)」と呼んでいます。相手のしゃべり方が少し早すぎると思えば，Could you speak more slowly? といえば，調整を求めていることになります。こちらがわかったふりをしていれば，相手は自分のしゃべり方を通すでしょう。ゆっくり言ってもらっても分からなければ，Sorry, I don't understand you. とサインを出します。会話を続けたいと思えば，相手は，すこしでも分かりやすい英語で話しかけてくることでしょう。要は，わかったふりをしないことです。What did you say? や Speak more slowly, will you? ということは決して失礼なことではありません。日本語でも幼い子供とやりとりをしていて，「もう一回言ってごらん」「もっとゆっくり話しみて」など自然に出てくる言葉です。これがまさに，会話管理力（あるいは，コミュニケーション・ストラテジー）です (Faerch & Kasper, 1983；Bialystok, 1990)。以下では，少し具体的な会話管理のしかたをみておきます。

ためらいと言いよどみ表現

　会話の基本は，頭の中で文を作るのではなく，浮かんだ表現をどんどん口にしていく，というものです。言いたいだけ情報を追加し，必要が

あればいつでも軌道修正，訂正を行う，これが肝心です。会話では，先述の通り，文法的に正しい文は，改まりすぎてかえって不自然です。文法的すぎると，堅苦しくなり，ぎこちない流れになるということです。

　実際の会話では，日本語でもそうですが，言いよどみ，言い直し，途中での割り込み，話題の放棄など凸凹（でこぼこ）があるのがふつうです。言いよどみやためらいを言語で表現するということが大切です。よく日本人は，何か質問されても，黙ってしまって数秒間の沈黙があり，不自然なぎこちなさを生み出すということが指摘されています。そこで，沈黙を埋める表現が必要となります。そういう表現のことを"fillers"といいますが，以下が代表的なものです（Shiffrin, 1988）。

well / let me see / let me think / you know / I mean / the thing is …/ umm, er / What should I say? / I don't know what to say

とくに注目すべきは，you know と I mean の2つです。困ったとき，you know といえば，「相手に解釈を委ねる」という意図が表現されるし，また，I mean といえば「自助努力でなんとか表現する」ということのシグナルです。you know はくだけた言い方ですが，元々 you know what I mean ということで，実際には，大学でもくだけた語り方を好む教授の場合，you know を講義中に使うことがよくみられます。学生たちは，ものすごい頻度で you know と I mean を使います。実際の会話で使われた you know の例を紹介します。

A : Bob, you've been quiet up to now. What'd you think about all this?
B : (laughs) Well, I, you know, uh …, the thing is, uh, John, uh … I pretty, well, like to mind my own business, and uh … (laughs) …
A : You mean, you're not interested in social issues?

B : Uh, well, now. I'm ... I'm, you know, well, I'm really, uh ...
C : I'm sorry to interrupt, everybody, but it's time for coffee.

　二番目のBの発話は，日本語でいえば，「(笑いながら) えーと，ぼくはね，つまり，うーん，なんというか，むしろぼくが気にしたいのは自分のことなんだ，ね」といった感じでしょうか。それに対して，相手が「つまり，社会問題なんかに興味ないというわけ？」と聞き返し，それに対して，「いや，いや，そういうわけじゃないんだけど，ぼくは，ぼくはね，つまり，本当に……」と応答しています。
　ここでのポイントは，ためらいだとか言いよどみを沈黙でごまかすのではなく，well, uh, the thing is, I mean, you know といった表現を口にする，ということが大事だということです。いずれにせよ，「沈黙は金」というのは日本的な発想で，多文化を生きるという状況では，思いを言語で表現しないことには伝わらない，ということです。

誤解を解く
　英語で会話をする状況では誤解はつきものです。誤解が生じたときどうするか，これは私たち英語学習者にとって深刻な問題です。多くの人は，誤解されたまま，やり過ごすということがよくあるようです。しかし，誤解は人間関係を壊すことにもなりかねません。そこで，誤解を積極的に解くことが求められます。慣用的には，単刀直入に，Please don't misunderstand me. というか，少し和らげて，It seems that there has been a misunderstanding. あるいは Perhaps we've misunderstood each other. といった表現を使います。もちろん，次のような誤解の解き方もあります。

That's not what I meant. What I wanted to say was ... / I'm not saying ... / I'm saying ...

ここでもポイントは誤解をそのままにしないで，なんとかこちらの意図を伝える努力をするということです。以前，こんな調査をしました。「言いたいことと，言えることにズレがある場合，それにどう対処するか」という問いをいろいろな国籍の英語学習者に尋ねるというものです(Tanaka, 1982)。日本人の場合は，「回避行動（avoidance）」が目立ちました。言いたいことが言えなければ，それに触れないということです。しかし，英語を母語とする人からすれば，それは「こちらに興味を持っていないから避けている」といった誤解の原因になるようです。相手が何を言いたいのかわからなければ，それ以上の人間関係や信頼関係は築くことは困難です。だから Please don't misunderstand me. と明確に表現して，言いたいことをなんとか伝えるという努力が必要なのです。

理解を確認

　多文化状況で英語を使って会話に臨む際の基本姿勢は，「想定を少なくする」，それに「確認する」の2つです。「想定（assumption）」とは，「きっとこういうことだからいちいち言葉にしなくてもよい」という態度です。日本である想定が機能したとしても，多文化状況でそれが同様にうまく機能するという保証はありません。Don't assume. という言い方があります。「勝手に思い込まないで」といった意味合いです。わかっていることはいちいち表現しなくてもよいと考えがちですが，多文化の状況では，むしろ何でも言葉にするという態度が大切です。ある集まりで友人がとても楽しげに振舞っていたとします。様子から楽しんでいたことが分かる場合，「楽しかったですか」とあえて聞くことはしないことがあります。しかし，ここで想定を少なくするということは，そういう状況でも Did you have a good time? と相手の気持ちを問うということです。

　会話では，「理解を確認する」，つまり相手の言っていることに対する自分の理解が正しいかどうかを確認することが求められます。相手の

言っていることはなんとなく分かるが，はっきりしないという場合，分かったふりをするのは，相手に対して失礼です。そういう場合は，理解の確認をすることが必要です。その際に，よく使う慣用表現には以下が含まれます。

Do you mean to tell me ...? / Let me see if I understand you. Are you saying that ...? / I'm not sure I follow you. Are you saying ...?

改まった会議などでは，If I understand you correctly, do you mean to say ...? のような表現が使われるでしょう。Let me see if I understand you. と言葉にすれば，相手はこちらに注目し，話を聞いてくれるはずです。もちろん，理解が間違っていれば，相手から違うという発言があるでしょう。

理解の確認のためのLet me see if I understand you. とか誤解を解くためのPlease don't misunderstand me. は慣用的な機能表現ですが，それらを使うことは，進行する会話に積極的に働きかけるということです。それは「会話管理力」の現れだといえるでしょう。要は，遠慮せずに，相手との会話の流れを自ら積極的に調整するという態度が英語で会話力を高めるには求められるということです。

発問力を身につける

私たちは，日々，何かに疑問を抱き，問いを作り，発します。英語でいうなら，having a question about something（疑問を持つ），making a question（質問文を作る），そしてasking a question（発問する）です。これは，人々の生の営みにおいて基本的な言語行為だといえます（Morgan & Saxton, 1991）。

問いを発するということは，物事に対して問題意識を持つということです。いろいろなことに関心を持ち，よく考えることから問題意識は芽生えます。ここで注目したいのは，発問力（問いを発する力）は，会話

を進展させていくのに決定的に不可欠な要素であるということです。なぜなら，双方になんらかの「情報のズレ（information gap）」がある場合に，コミュニケーション（会話）が動機づけられるからです。興味・関心の違い，文化の違い，誤解，知識量の違い，他者情報の不足などすべて「情報のズレ」だといえます。そして，情報のズレを埋めるために求められるのが質問を発するという行為です。

　会話力を育てるという観点からは，ここでいう「情報のズレ」を「発問の機能」という観点で整理しておく必要があります。というのは，発問という行為は，欠けた情報を補充するためだけに行われるのではないからです。問いを発するという行為の働きを大別すれば，以下の3つの機能にわけられるように思います。

① **対人関係機能**（interpersonal function）：対人関係の形成，維持，調整における発問行為の働き
② **情報収集機能**（information-gathering function）：世界の出来事，物事についての情報を得るための発問行為の働き
③ **意味生成機能**（meaning-creating function）：新しい意味やアイディアを生み出すための発問行為の働き

　これらの機能は相互に関連し合っていますが，あえて個別の機能に焦点を当てると，上記の3つの機能に集約されるように思われます。発問の対人関係機能は，まさに対人関係に関わるものであり，「挨拶」（How're you doing? など），「他者配慮」（Are you OK? など），「意図の確認」（What do you mean by that? など），「依頼」（Could you give me a hand? など），「提案」（How about a cup of tea? など），「驚きの表出」（What? など）のように多種多様なかたちで使われます。もう少し具体的にいうと，相手に何かをしてほしいという際には，慣用化された表現がたくさんあり，その多くは，疑問文の形を採ります。以下はその例です。

［依頼する］
・Can you open the window, please?　窓を開けてもらえますか？
・Do you mind taking me to the station?　駅に連れて行ってくれないかな？

［提案する］
・How about going swimming?　泳ぎに行くのはどう？
・Why don't you phone him personally?　自分で彼に電話をしたらどうですか？

［勧める・申し出る］
・Can I help you with that?　それ，手伝いましょうか？
・Would you like me to take you to the library?　図書館まであなたをお連れしましょうか？

［許可を求める］
・Would you mind if I borrowed your CD?　CDを借りてもいいですか？
・Would it be all right for me to leave 20 minutes early today?　今日，20分ばかり早退してもかまわないでしょうか？

［念を押す・気づかせる］
・Can I remind you about the meeting at 2 p.m.?　2時の会議，覚えていますよね。
・Will you try to remember to call him tonight?　今夜，彼に電話するのを覚えていてくださいね。

［詳細を求める］
・Can you explain that in detail?　もっと詳しく話していただけませんか？
・Would you be more specific?　具体的にはどういうことになるでしょうか？

一目で分かるように，これらの表現の多くには，can / will / would /

couldなどの話し手の態度を表す法助動詞が含まれていますが, ほとんどが定型化された慣用表現だといえます。そして, これは質問文の体裁をとっていますが, 機能的には, いわゆるyes / noの答えを求める質問というより, 「何かをしたい, 何かをしてほしい」という主旨の行為意図を表現するものだといえます。こうした質問形式で行為意図を表現するというのは, 発問の「対人関係機能」と見なすことができます。

次に「情報収集機能 (information-gathering function)」は, まさに, 発問の典型的な機能ですが, yes / no の答えを期待するもの, A or Bで選択を要請するもの, さらに5W1H (who, what, when, where, why, how) についての情報を求めるものがあります。仮に事件があれば, これらの一連の質問が行われ情報収集が行われるでしょう。また, 歴史, 地理, 数学, 物理など教科内容の学習においても, 生徒の側からいえば, 意識的か無意識的かを問わず, yes / no, A or B, あるいは5W1Hの質問を通して知識の構成が行われるでしょうし, 教師の側からいえば, 発問行為を通して学習活動の流れを作り出していきます。

そして3つ目の「意味生成機能 (meaning-creating function)」とは, 発問が新たな視点を提供し, それによって新たな物事の見方が生まれるというものです。常識を問い直すという哲学者の思惟はまさにこれに当たります。発問には, 私たちの思考を広げ, 深めるという創造的な働きがあります。ある話題について論文を書こうとする際に, 自分の「リサーチ・クエスチョン」を見つけられるかどうかが決定的に重要ですが, これも質問という形式を整えることで, 何をしたいかが定まり, それが研究の動因になるということです。発問の意味生成機能は教育・学問のエッセンスですが, 英語教育においても知的な活動の動因になります。

会話の展開に役立つ質問

会話の流れを作り, それに乗り, 調整するためには, 発問という行為は自然だし, 会話の主導権を握るという意味においても有効です。もち

ろん，仕事，家庭，友だちについての質問だとか，趣味についての質問などが会話でも一般的です。例えば以下のように聞くことで，趣味を話題にして会話を展開することができます。

What kinds of things do you do in your free time? 暇なときはどんなことをするの？／What kinds of music [movies, books] do you prefer? どんな音楽［映画，本］が好みですか。

学校での教科の好き嫌い，食べ物の好き嫌い（likes and dislikes）などについて問うことも無難な質問です。相手の反応に共感する形で話を展開すれば，会話はスムーズに展開するし，よい人間関係を築く出発点となるでしょう。また地理に関する質問なんかも無難でしょう。相手がもしアメリカ出身だったら，相手の得意の分野の質問をして情報を得るという方法があります。例えば，次のような質問をします。

What is the highest mountain in the U.S.? アメリカで一番高い山は何ですか。／What's the largest state in America? アメリカで一番大きな州は？／What city has the biggest population in the U.S.? 人口の一番大きな町はどこですか。／What is your favorite spot in Los Angeles? ロスでお気に入りのスポットは？／How many states are there in the States? 米国にはいくつの州がありますか。

日本に来ている外国人との会話で落語や歌舞伎に話題が及んだときには，以下のような質問がすぐに浮かびます。

Have you ever seen a *rakugo* performance? 落語は見たことがありますか。／Why is *rakugo* so attractive to you? 落語がどうしてそんなに魅力的なんですか。／How about kabuki? Have you seen a kabuki performance? 歌舞伎はどう？歌舞伎の舞台を見たことがあり

ますか。／How did you like it? どうでした？／Did you understand what was happening on the stage? 舞台で起こっていることが理解できましたか。

食べ物や音楽やスポーツなども質問するのに無難なテーマだといえますが,「食べ物」についてであっても,以下のように少し変則的な質問をすれば会話はさらに盛り上がるでしょう。

If you had to give up a favorite food, which would be the most difficult to give up? 何かひとつ好きな食べ物を諦めなくちゃならないとなったら,一番諦めたくない食べ物ってどれですか。／What is one food you'd never want to taste again? 二度と食べたくないという食べ物ってある？／What is the strangest thing you've ever eaten? これまで食べた中で一番変わった食べ物って何ですか。／You can choose your last meal. What will the menu consist of? 人生最後の食事をするとしたらどんなメニューになる？

他にも話題として展開させやすい変則的な質問には,以下のようなものがあります（これらの問いはネット上で見つけたもの）。

If you were a comic strip character, who would you be and why? 漫画のキャラになるとしたら,何になりたい？それはどうして？／If you could bring one character to life from your favorite book, who would it be? お気に入りの本から一人キャラクタに実在してほしいとしたら,それは誰ですか。／You can select one person from history and ask him [her] a question to which he [she] must give a truthful reply. Whom would you select, and what question would you ask? 歴史上の人物を一人選ぶことができ,その人に質問をすることができ,真実の回答が得られるとします。誰を選んで,そしてどんな質問

をしますか。／If you could have one superpower, which would you choose? 超能力をひとつ持つことができるとしたら何を選ぶ？／What was the most recent movie that made you cry? 最近，泣いた映画は 何？／If you could be any age again for one week, what age would you be? １週間だけ好きな年齢になれるとしたら，どの年齢がいい？／What is it you like best about your mate's personality. What do you like the least? 相手の性格で一番好きなところは？ 一番好きでないところは？／If you could plan a trip anywhere in the world for yourself and your mate, where would you like to go? 一人もしくは相手と世界中のどこかに旅行するとしたら，どこに行きたい？

ここではアトランダムに変則的な質問をリストしましたが，自分だったらこう回答するだろうということを想定しておくと会話は弾むでしょう。

場面・目的を設定して行う一連の質問

もっと効果的な方法は，ある場面を想定し，その場面で起こる一連の質問を用意しておくことです。例えば，就職面接での質問だとか，スポーツ関連の質問といった具合に状況を限定して考えてみるといろいろな質問が浮かぶでしょう。以下は転職を求めている人の就職面接での質問例です。

[転職の面接で]

- Why are you leaving [quitting] your job? どうして仕事を辞めたのですか。
- What problems have you experienced at work? 仕事場で経験した問題とはどういうものでしたか。
- Have you ever had difficulty working with a manager? 上司と仕事上でやりにくいということはありましたか。

- What have you been doing since your last job?　仕事を辞めてから何をされていましたか。
- What is your weakness?　自分の弱いところは何ですか。
- What is your greatest strength?　自分の一番の強みは何ですか。
- How would you describe yourself?　自分について語ってもらえますか。
- How would you describe a typical work week?　週日は通常どんな感じですか。
- Do you take work home with you?　家に仕事を持ち帰るほうですか。
- How do you handle stress and pressure?　ストレスやプレッシャーにどう対処されていますか。
- What motivates you?　あなたをやる気にさせるものは何ですか。

　問いを発する力を意識的に鍛えるということが，会話力の向上には必要です。よい問いを発することができれば，相手も興味を持ってくれるでしょう。そのためには，日ごろから，物事に関心をもち，「何であるか」「何ができるか」「何をすべきか」などについて考える習慣をつけておくといいでしょう。

表現モードとしての声

　英語力とは言語リソースを使ってタスク・ハンドリングを行う力にほかなりません。言語リソースには語彙力，文法力，慣用表現力が含まれ，それらを駆使して，さまざまなタスクを行うというのが英語を使うということです。しかし，言語リソースをタスク・ハンドリングに接続するためには，表現メディアが必要となります。それは文字であり，声です。

　会話は，自分の言語リソースを活用したタスク・ハンドリングを音声を通して相手と行う相互行為です。問題は，音声です。日本語を話す要

領で英語を話せば，力が弱く，音が相手に届きません。口の中でもごもごする形で英語を話しても，音声力が弱いのです。英語は強弱のはっきりした言語であり，気持ち（表現）をその音声に絡める必要があります。

　比喩的にいえば，自分の体を楽器として英語を奏でる必要があるのです。そのための方法は，音声トレーニングを通して行う必要があります。これはある研修所での事例で，友人から聞いた話です。アメリカ人教師と日本人がカフェテリアでランチをとっていました。映画が大好きというアメリカ人に日本人は自分も映画が大好きで，中でも「ブラックレイン」という映画が好きだと伝えようとします。松田優作が出演した *Black Rain* です。しかし，black rain を何度繰り返してもそのアメリカ人には通じず，しまいには，文字を書いて理解してもらったという話です。

　筆者は，まさか black rain がそれほど通じないことはないだろうと思い，ある高校でアメリカ出身の英語教師に協力してもらい，簡単な実験をしました。アメリカ人教師に目を閉じてもらい，黒板に black rain と書き，比較的英語ができる生徒に発音してもらいました。アメリカ人教師には，もし何を言っているかわかったら右手を挙げるように求めました。しかし，最初の生徒では通じず，さらに 2 人の生徒にも同じように発音してもらいましたが，この 2 人とも失敗でした。アメリカ人教師は目を開け，黒板を見て，"Oh, black rain." と呟きました。black の bl- の部分だとか -a- がうまく発音できず，black rain の流れの中で rain の r- もうまく伝わりませんでした。

　楽器の弾き方を学んだことのない人に楽器を渡してもうまく奏でることができないように，体を使っての英語の音の出し方を学んだことのない人がそれをうまく実行することはできません。トレーニングする必要があるのです。その時のポイントとしては，母音と子音，子音＋子音の流れ，強弱濃淡，それに感情を込めるなどです。

　それだけではありません。英語研修などでよく見かける風景に次のようなやりとりがあります。英語を母語とする教師が質問をする。たとえ

ば What do you usually do in your pastime? と聞いたとします。すると，日本人学習者は，目をそらし，上を向いて数秒考え込み，そしてPardon? とか Could you say that again? と質問しました。この不自然な「間」は何を意味するのでしょうか。学習者からすれば，質問がまったく聞き取れなかったというのは失礼だと思い，何と言ったのだろうと考え込みます。もちろん，考え込んでも無駄です。それどころか，相手は，とてもぎこちない気持ちになります。英語に awkward という形容詞がありますが，まさにこの状況を表現するのにピッタリです。このエピソードは，会話にはやりとりのリズムがあり，リズムを乱すと会話が流れないということを物語っています。

　通じる音を出すことができるようにし，会話のリズムに乗るための瞬発力を身につけるには，意識的な音声トレーニングが不可欠です。その基本は間違いなく，大きな声で英語を話すということが前提となります。日本語的な発声のしかたでは，声に力がなく，相手に音声が届きません。大きな声は自信を高め，自信は表現に勢いを与えます。自信がないから小さな声になる，そして小さな声だと対話に向かう気持ちも削がれてしまうという負の連鎖から抜けるには大きな声を出すことです。そこで，身体という自分の楽器を使って大きな，勢いのある声で英語を音読することが必要です。

　もちろん，音量だけではだめで，感情を込めて表現することができるようになること，それが言語リソースとタスク・ハンドリングを繋ぐメディアとしては欠かすことができません。声には表情があります。声から読み取る表情は心の反映です。ただ音読するのではなく，感情を込めて音読するということです。感情を込めるのに最適な英語素材は，Give me a break. （いい加減にしてよ），So what? （だから何なの？），I mean it. （マジだよ），Here we go. （さあ，行くぞ）などの丸ごと慣用表現です。そして感情を込めるには，状況を頭に浮かべる必要があります。状況と表現と気持ちがひとつになった時，声に自然と表情が出てくるはずです。

おわりに

　ここでは，英語で会話力を育てるということについて考えてきました。英語で会話することへの苦手意識は心理的な部分が大きく占めますが，本章では，特に言語的な側面に注目しました。会話の流れに乗ることを妨げている大きな言語的問題としては，「文を頭の中で組み立ててから話す」と「日本語を英語に訳そうとする」の2つです。ここでは，文ではなく断片の連鎖で会話は行われること，そして，日本語に注目するのではなく，言いたいこと（意図）に注目して英語で表現する（その際に慣用表現が有効である）ことを対処法として示しました。

　会話力は実践の中で育つものです。文を作るのではなく，チャンクで話すということを心がけると英語を話す負担感をずいぶん軽減できるものです。必要に応じて軌道修正をすればよいのです。会話の型を整えるには慣用表現がとても有効です。会話の流れに乗り，流れを調整する（例．割り込む，話題を変える）のにも慣用表現は活躍します。会話の主導権を握るのには質問することです。発問力を鍛えることは，会話力を伸ばすための最良の方法のひとつです。もちろん，声を手段とする会話では，発声訓練は欠かせません。大きな声で気持ちを込めて英語を発声する力を身につける必要があります。そのためには，「英語は声でそして体で学ぶもの」ということを実践することです。

◆**第6章のポイント**◆

- 会話力を育てるためには，「頭の中で文を作ってから話す」のではなく，「チャンクで話す」を実践しよう
- 会話の流れを作り，流れに乗り，流れを変える会話管理力を身につけよう
- 発問する力を育てることは会話力に繋がる
- 声には感情を込めよう。そのためには，状況を思いうかべよう
- 会話のリズムを身につけよう

あとがき

　本書は，英語を学ぶ読者を想定して書いたものですが，英語教育に身を置くものとして教育の在り方を脇において英語学習を考えることはできません。この「英語を学ぶ」と「英語を教える」の関係について，筆者は，表裏一体を成していると思っています。生徒の英語力は教師の教師力の反映なのです。しかし，「英語をどう教えればよいか」という視点に立った瞬間に，教材，時間，1クラスの生徒数など，理想的な指導を行うに際しての制約条件や妨害要因が出てきて，思い切ったアイディアはなかなか出てきません。一方，「どう学べばよいか」という問題は，そういった諸々の条件を外して取り組むことができます。そこで，「英語を学ぶ」という視点を採用して，執筆を行いました（とはいえ，英語教育を意識した表現のしかたが強くなっている箇所も多々含まれていると思います）。

　本書を書き終えて，新たな概念を持つこと，それが可能性の視界を広げるということを実感しています。my English，タスク・ハンドリング，基本語力，慣用表現力などがそういう概念です。global English に my English を対峙させることで新たな視野が拓けたような気がします。個の視点を欠いた global English 論は，教育論としての説得力が弱いと思います。また，基本語力という概念は「基本語」に「力」を加えただけですが，その概念が導く可能性は大きなものがあります。「基本語力」という表現が学習対象，指導対象を生み出すということです。そして，基本語力を育てるためには，体系的な指導（学習）が必要になる，ということが課題として出てきます。

　筆者自身の大きな気づきになったのは，「慣用表現力」という概念装置です。散在した慣用表現の集合という捉え方から，文法に基づく自由

表現と慣習に基づく慣用表現が言語活動の両輪であるという Jespersen が指摘した捉え方にシフトし，その意義を考察する機会を得ることができきたからです。

　最後に，本書のメッセージは，「my English を育て，英語の表現者になろう」ということに尽きます。my English を育てるとは，自分事として英語を学ぶということです。そして，英語の表現者になるということは，自分の持っている言語リソースを最大限に活用し，さまざまなタスクを実践的に行うということです。

著者

参考文献

(本書は研究書ではなく,筆者の英語学習についての思いをまとめることが狙いであるため,ここでは関連書すべてを挙げることはせず,影響を受けた欧米系の文献を挙げるにとどめた。)

Aijmer, K. (1996) *Conversational routines in English.* London: Longman.

Austin, J. (1962) *How to do things with words.* Cambridge, Mass: Harvard University Press.

Ausubel, D. (1968) *Educational psychology - a cognitive view.* New York: Holt, Rinehart and Winston.

Backman, L. (1990) *Fundamental considerations in language testing.* Oxford: Oxford University Press.

Bialystok, E. (1990) *Communication Strategies.* Oxford: Blackwell.

Birdsong, D. (1999) *Second language acquisition and the critical period hypothesis.* New Jersey: Lawrence Earlbaum Associates Publishers.

Bolinger, D. (1977) *Form and meaning.* London: Longman.

Brown, H.D. (2014) *Principles of language learning and teaching (6th edition).* London: Pearson Educational ESL.

Canale, M. & M. Swain. (1980) *Theoretical bases of communicative approaches to second language teaching and testing.* Applied Linguistics, 1, pp.1-47.

Canale, M. & M. Swain. (1981) *A theoretical framework of communicative competence.* In Palmer, A., Groot, P. and Trosper, S. (Eds.), The construction validity of tests of communicative competence. Washington, D.C.: TESOL.

Chafe, W. (1982) *Integration and involvement in speaking, writing, and oral literature.* In Tannen, D. (Ed.), Spoken and written language: Exploring orality and literacy. Norwood: Ablex, 1982. pp. 35-53.

Chafe, W. (1985) *Linguistic differences produced by differences between speaking and writing.* In Olson, D., Torrance, N. & Hildyard, A. (Eds.), Literacy, language and learning. Cambridge: Cambridge University Press, 1985. pp. 105-123.

Conklin, K. & N. Schmitt. (2008) *Formulaic sequences: Are they processed more quickly than nonformulaic language by native and nonnative speakers?* Applied Linguistics, 29, pp.72-89.

Council of Europe (2001) *Common European framework of reference.* Cambridge: Cambridge University Press.

Crystal, D. (2001) *Language and the Internet.* Cambridge: Cambridge University Press.

Crystal, D. (2003) *English as a global language (2nd edition).* Cambridge: Cambridge University Press.

Ellis, N. (2012) *Formulaic language in second language acquisition: Zip and phrasal teddy bear.* Annual Review of Applied Linguistics, 33, pp. 17-44.

Faerch, C. & G. Kasper. (1983) *Plans and strategies in foreign language communication.* In C. Faerch & G. Kasper (Eds.), Strategies in interlanguage communication. London: Longman. pp. 20-60.

Hinkel, E. (2005) *Handbook of reseach in second language learning and teaching.* New Jersey: Lawrence Earlbaum Associates.

Jespersen, O. (1922) *Language: its nature, development, and origin.* London: Henry Holt & Co.

Jespersen, O. (1924) *The philosophy of grammar.* London: Allen & Unwin.

Jespersen, O. (1933) *Essentials of English grammar.* London: George Allen & Unwin Ltd.

Kachru, Y. & L. E. Smith. (2008) *Cultures, contexts, and world Englishes.* New York: Routledge.

Lenneberg, E. (1967) *Biological foundation of language.* New York: John Wiley & Sons.

Johnson, M. (1987) *The body in the mind.* Chicago: University of Chicago Press.

Lewis, M. (1993) *The lexical approach: The state of ELT and a way forward.* London: Language Teaching Publications.

Miller, G. (1956) *The magical number seven, plus or minus two: Some limits on our capacity for processing information.* Psychological Review, 63, pp. 81-97.

Morgan, N. & J. Saxton. (1991) *Teaching, questioning, and learning.* New York: Routledge.

Ong, W. (1982) *Orality and literacy: The technologizing of the world.* New

York: Methuen & Co. Ltd.

Rivers, W. (1983) *Communicating naturally in a second language.* Cambridge: Cambridge University Press.

Rogers, C. (1961) *On becoming a Person.* Boston: Houghton Mifflin Company.

Schank, R. (1985) *Tell me a story: narrative and intelligence.* Chicago: Northwestern University Press.

Sharwood-Smith, M. (1993) *Input enhancement in instructed SLA.* Studies in Second Language Acquisition, 15, pp. 165-179.

Shiffrin, D. (1988) *Discourse markers.* Cambridge: Cambridge University Press.

Singleton, D. & Z. Lengyel, eds. (1995) *The age factor in second language acquisition: A critical look at the critical period hypothesis.* Philadelphia: Clevedon.

Smith, L. E. (Ed.). (1981) *English for cross-cultural communication.* London: Macmillan.

Stevick, E. (1980) *A way and ways.* Rowley, Mass: Newbury House.

Tanaka, S. (1982) *Interpersonal communication situations and second language acquisition.* Psychologia, 25, pp. 81-90.

Tanaka, S. (2006) *English and multiculturalism--from the language user's perspective.* RELC, 37, pp. 47-66.

Tannen, D. (1982) *The oral / literate continuum in discourse.* In Tannen, D.(Ed.), Spoken and written language: Exploring orality and literacy. Norwood: Ablex, pp. 1-16.

Tarone, E. (1980) *Communication strategies, foreigner talk, and repair in interlanguage.* Language Learning, 30, pp. 417-428.

Taylor, J. R. (2004) *Cognitive linguistics and language teaching.* Dokkyo International Review, 17, pp. 111-137.

Vygotsky, L. (1962) *Thought and language.* Cambridge, Mass: MIT Press.

Willis, D. (1990) *The lexical syllabus.* London: Harper Collins.

Wray, A. (2000) *Formulaic language and the lexicon.* London: Cambridge University Press.

Wray, A. & M. Parkins. (2000) *The functions of formulaic language: an integrated approach.* Language and Communication, 20, pp. 1-28.

［著者紹介］

田中茂範（たなかしげのり）
1953年生まれ。慶應義塾大学環境情報学部教授。ココネ言語教育研究所所長。主な著書に『認知意味論：基本動詞の多義の構造』（三友社），『データに見る現代英語表現・構文の使い方』（アルク），『コトバの意味づけ論』（共著，紀伊國屋書店），『日英語比較選書　空間と移動の表現』（共著，研究社），『意味づけ論の展開』（共著，紀伊國屋書店），『幼児から成人まで一貫した英語教育の枠組み：ECF』（共著，リーベル出版），『英語感覚が身につく実践的指導：コアとチャンクの活用法』（共著，大修館書店），『文法がわかれば英語はわかる』（NHK出版），『言語文化選書レキシカル・グラマーへの招待』（共著，開拓社），『表現英文法　増補改訂版』（コスモピア），『日常まるごと英語表現ハンドブック』（共著，コスモピア），『イメージでわかる表現英文法』（共著，学研プラス）がある。

英語を使いこなすための実践的学習法──my English のすすめ
©Shigenori Tanaka, 2016　　　　　　　　　　NDC830／viii, 167p／21cm

初版第1刷────2016年8月20日

著　者────田中茂範
発行者────鈴木一行
発行所────株式会社　大修館書店
　　　　　　〒113-8541 東京都文京区湯島 2-1-1
　　　　　　電話 03-3868-2651（販売部）　03-3868-2293（編集部）
　　　　　　振替 00190-7-40504
　　　　　　［出版情報］http://www.taishukan.co.jp

装丁者────CCK
印刷所────広研印刷
製本所────牧製本

ISBN978-4-469-24604-9　Printed in Japan
Ⓡ本書のコピー，スキャン，デジタル化等の無断複製は著作権法上での例外を除き禁じられています。本書を代行業者等の第三者に依頼してスキャンやデジタル化することは，たとえ個人や家庭内での利用であっても著作権法上認められておりません。